精装版

杨绛

人生最曼妙的风景

田梦 著

时事出版社
北京

图书在版编目（CIP）数据

杨绛：人生最曼妙的风景 / 田梦著 . —北京：时事出版社，2018.3（2019.4 重印）

ISBN 978-7-5195-0193-8

Ⅰ . ①杨… Ⅱ . ①田… Ⅲ . ①杨绛（1911–2016）– 传记 Ⅳ . ① K825.6

中国版本图书馆 CIP 数据核字（2018）第 031883 号

出 版 发 行：时事出版社
地　　　址：北京市海淀区万寿寺甲 2 号
邮　　　编：100081
发 行 热 线：（010）88547590　　88547591
读者服务部：（010）88547595
传　　　真：（010）88547592
电 子 邮 箱：shishichubanshe@sin　a.com
网　　　址：www.shishishe.com
印　　　刷：三河市华润印刷有限公司

开本：880×1230　1/32　印张：8　字数：200 千字

2018 年 3 月第 1 版　2019 年 4 月第 2 次印刷

定价：39.80 元

前言

岁月流逝，反刍过百味，开始懂得生命的精彩不只在轰烈之间。浏览过百花，也逐渐明白女人的美不只在容颜之上。

喧嚣的世界更需要安静的力量。温柔的性情，可以制造一方苍穹，守护摇曳的年华；知性的气息，可以扬起灵魂的锚，更深地扎根在生命的磐石上。

她的名字，安静地绽放在时光里，散发出一种优雅。她的美，无关华服，无关风月，而是胸襟与气度，更是品质与内涵。她是杨绛，是爱人心中完美的妻子、朋友、情人，只有她可以从容地与“钱钟书”这个名字并肩伫立，不依附，不争抢，沉稳而强大。

她拥有过最幸福的时光，不曾忘怀过三人之城的温暖；她经历过最深重的苦痛，行走在人生边缘。但无论生命给予了什么，她都以最好的心境接纳着、塑造着。

像杨绛一样做女人，就是学会守护内心无穷无尽的力量，就是明白如何在躁动的世界建造温润的生活，就是注重打造灵魂的香气，就是懂得内敛之后的不动声色，就是锻造历尽千帆之后的超然。

百年岁月，难掩风华。如能集温柔、平和、智慧、才华、高贵于一身，于女人而言，不失为一种标杆。

人生不只朝夕，品格贵在沉静。愿天下女人皆能像杨绛一样，不求撼动世界，但求笑看风云，静观自在。

在此，笔者特别说明一下，本书是《杨绛：人生最曼妙的风景》（时事出版社 2015 年 6 月出版）的精装版，因原书广受欢迎，不少读者建议提高图书的制作档次，因此特重新审校后精装出版，以满足不同读者的阅读、收藏需求。

目录

目录

目录

第一章

人生最曼妙的风景，是内心的淡定与从容

「 第一节 」

生命开启的地方

如果让记忆恣意徜徉，有谁还能记得生命开启的地方？也许从出生的那一刻起，身体里便播下了不同的花种，从此一生沿着花朵生长的轨迹，绽放出或浓烈或优雅的个性。

如果说每个女人都是一朵花，那杨绛便如兰花般娴静如水。素雅的兰花从不与其他的花朵争艳，只是安静地做着自己，不争不抢，却悠悠地释放出淡雅的神韵。

斑斓时光，温润幸福，每个人都有自己的童年。生命是一个轮回，从初始的一声啼哭，到凋落的两鬓斑白，我们的一生便沿着这个轮回踽踽而行，寻找着生命最初的印记。岁月温柔，一切安好，或许，聪慧的女人总能在童年里找到信仰和温暖。

人生最曼妙的风景，其实是内心的淡定与从容。走过山河岁月，品过百味人生，在周而复始的忙碌间，杨绛也曾偶尔怀念起那无忧无虑的纯粹童年。

杨绛的童年是在乱世中的北京城度过的。1911 年 7 月，小杨绛在家族的期盼中降生，小小的生命写满柔软的底色。她的童年在这里，记忆却不都在这里。小小的四合院，古朴的巷子街，留下她童年的一串串足迹，却又似乎离她的世界有些遥远。

尽管记忆模糊，可那个动荡年代的北京却见证了一代才女铅华未涉的本真模样。童年的北京之所以在她的脑海中只留下淡淡的浮影，那是因为江苏无锡才是她真正的祖籍。北京带着微笑将她迎接到了这个世界，家乡无锡则为她提供了成长的温暖怀抱。

在那里，她长成一个名副其实的江南女子，大气磅礴的北京城并未改变她与生俱来的细腻婉约，但在她的性格中添上不同于一般女子的温润与坚强。

如果说童年是个梦，那么杨绛的梦是美好的，那时的她有着家人的陪伴，排行第四的她是家中唯一一个在父母身边长大的女儿。种种的际遇，让她的童年如乘着风、伴着云般快乐，在如烟的岁月里缠绵。

与同一年代大多数女孩相比，杨绛是幸运的。书香世家的出身，给了她舒适的生活环境；家里空气中飘逸着的灵动书香，酝酿出她优雅的性情，在举手投足、一言一语间缓缓释放。

父亲杨荫杭是位才华横溢的知识分子，既有着读书人的儒雅，又有着一般读书人难以企及的刚正耿介。他曾考入北洋大学堂、上海南洋公学，后又留学日本和美国，取得了宾夕法尼亚大学法学硕士学位，多年的留学生涯让他比别人见识了更多外面的世界，他的眼界因此更加开阔。父亲给了杨绛亦父亦友的情感，从父亲那里，她懂得了什么才是自己真正想要的、什么才是自己想做的。

多年的游历让父亲对东西方的社会观念有着深刻的理解，他尤其精通政治、法律。虽然学而优则仕，但这却不曾影响父亲成为一个热心革命的新派人士。他创办过无锡立志学社、上海律师公会，担任过上海《申报》编辑，还先后担任过江苏省、浙江省的高等审判厅厅长。

如果说是父亲培养了杨绛不随波逐流的个性，那母亲则教会了杨绛温婉贤惠的处事态度。母亲唐须荌并不是一位普通的家庭妇女，曾在上海女子中学务本女中上过学，在当时算是少有的知识女性。她是典型的南方女子，皮肤白皙，面容姣好，并且性格温雅，贤良淑德，做什么事情都不急不躁、稳稳当当。

有人说孩子最好的家教便是家庭和睦，杨绛的父母便让她看到了人世间最美好的爱情。虽然是父母之命，媒妁之言，可多年来，父母一直举案齐眉，互敬互爱。家庭氛围对杨绛的影响是不言而喻的。杨绛一直记得母亲倚着窗台看书的娴静模样，于是她也成了这样的人，温润宁静，如水般温柔，利万物而不争。

后来，杨绛忆起童年，在满满的回忆间，她微笑着写下这样的文字："我父母好像老朋友，我们子女从小到大，没听到他们吵过一次架。旧式夫妇不吵架也常有，不过女方含有委屈闷在心里，夫妇间的共同语言也不多。我父母却无话不谈。"

因为有这样的父母，因为有这样的童年，她长成了钱钟书喜欢的温婉模样。多年以后，钱钟书曾经评价杨绛是"最贤的妻，最才的女"，也曾盛赞她将妻子、情人、朋友融于一身。也许，对父母情感的耳濡目染，才锻造了杨绛后来的样子。

儿时的点点滴滴早已成为尘封的记忆，可无论何时回想起来，都如同歌声般婉约动人。每个人的童年记忆里，都有一片净土，杨绛亦然。她的本名叫杨季康，家人都亲切地叫她阿季。在她的记忆里，童年是幅画，不仅有《缀白裘》《石头记》《聊斋志异》等故事，还有轻声慢语的江南歌谣，母亲的声音温暖了模糊的记忆。

在家人的陪伴下，小杨绛在安祥的四合院快乐地成长。父母是孩子最好的老师，父母的琴瑟和鸣，注定了她们姐妹温柔相持的美丽性子，诗人叶圣陶如是说："九如巷张家的四个才女，谁娶了她们都会幸福一辈子。"

一句预言成为杨绛一生幸福的缩影，她与钱钟书相知相守一生，哪怕还有来世，他们也愿意做彼此的那个唯一。可杨绛依然自谦，虽然她和姐妹们都用真心无微不至地照顾着身边的爱人，可她却认为谁都没有母亲对父亲那样细致耐心。

杨绛的童年如同多彩的气泡般晶莹璀璨。或许，越是对生命没有过多苛求，越是容易得到命运的偏爱。

每个人的童年都是在恣意的玩耍中度过的，也只有在玩耍间才能毫无顾忌地体会那份不谙世事的单纯快乐。虽然性格温吞内向的杨绛并不喜欢疯玩疯跑，但她到底也是小女孩心性，因为三姑母杨荫榆，她的童年也添了绚烂多姿的灵动记忆。

那年，她就读于京都女高师附小，而她的三姑母杨荫榆正好就在一墙之隔的女高师任教，偶尔也会来附小转转。我们都知道，民国有一位"奇怪"的杨荫榆，她曾经被鲁迅先生骂得狗血喷头，而此杨荫榆，正是杨绛的三姑母，只是这时候，她还是一位和蔼可亲的女教师，颇受女学生们喜欢。

有一次，杨绛和同学们正在饭堂吃饭，这时杨荫榆带着几个外宾进来参观，这群古灵精怪的小鬼头顿时没了声响，只规规矩矩地埋头扒饭。

她们只是小学生，虽然烟火不识，却也知道，在“大人物”面前，不能似平时那般随便。当时，小杨绛背门而坐，饭碗前还掉了些米粒儿，杨荫榆见了，低头在她耳边轻轻说了一句“粒粒皆辛苦”。聪明乖巧的小姑娘赶紧把碗前的米粒吃了，别的同学瞧见了，也纷纷将面前零落的米粒塞进了嘴巴。

另外，因为受人爱戴的三姑母，听话的小杨绛还多了一群独特的玩伴，那便是女高师的大学生们，她的童年飞扬在女高师大学部的天空。

那时，常常有人带她去女高的操场上荡秋千。每一次，当秋千如张开翅膀的鸟儿飞向天空时，她的双手紧紧抓着粗壮的绳子，但心却是雀跃的，那时她还不知道，这种雀跃叫做自由。

有一次，女大学生们召开恳亲会，要演三天的戏，而她成了戏里的小小花神。一头乌黑亮丽的长发盘起，插满鲜艳的花朵，穿着金花戏服翩翩起舞的小杨绛活脱脱就是花仙子下凡，惊羡旁人。

还有一次，女高师举行运动会，一个跳绳的姐姐让她扮演小卫星，围着自己跳绳绕圈圈，并且专门为她准备了台词。于是，小小的杨绛便在广袤的绿茵场上含羞带怯地跳起了绳，只是她在念台词时太过轻声细语，惹得在场的一位老师忍不住逗她：“你说了什么话呀？谁都没有听见。”

这便是她记忆中的北京，也是她记忆中的童年，温柔的骨子里包裹着不张扬的快乐，而这份快乐与她的三姑母杨荫榆是分不开的。后来，她这样写道：“演戏借我做‘花神’，运动会叫我和大学生一同表演等等，准是看三姑母的面子。那时候她在学校内有威信，学生也喜欢她。我决不信小学生里只我一个配做‘花神’，只我一个灵活，会钻在大学生身边围绕她跳绳。”

当时年少，天真烂漫，在这温润的时光里，她有大把大把的快乐去珍惜。而刚刚对这个世界有了懵懂的印象，六岁的杨绛便因父亲的愤然辞职而随全家迁回了无锡。

一路的劳顿让父亲感染上了伤寒，连医生都束手无策，她眼见着母亲不离不弃地守护在父亲旁边，小小年纪的她便学会了什么叫做不轻言放弃。家乡的法师让女儿帮爸爸叫回“灵魂”，三姐姐不好意思，杨绛就去叫，站在厨房的铜盆旁边高声喊“爸爸！转来吧！”一声声呼唤都是杨绛对父亲稚嫩却浓烈的爱，也许是这份爱感动了上苍，在医生的救治和母亲的照顾下，父亲渐渐好转起来。经此一事，杨绛学会了感恩，对治好父亲的医生，她始终心存感激，铭记不忘。

童年是用来回味的，因险些失去父亲，她更加懂得了亲情的珍贵。当要离家独自去上海求学时，杨绛只有八岁，母亲送给她一枚银圆，这是她有生以来第一次拥有属于自己的钱，大姐则送给她一方手绢。这两样东西都成了她的宝贝，她从来舍不得用，一直藏在贴身的口袋里，一同收藏的，还有爸爸妈妈对女儿无限的爱。

回忆童年，人总是能轻易感到温暖，仿佛一篇悠扬的乐章，为童年的快乐染上了独特的色彩，让人久久无法遗忘。

「 第二节 」

最纯粹的爱与感动

说到纯粹的爱与感动，人们不免想到爱情；而说到最纯粹的爱与感动，人们又不免想到初恋。

诚然，初恋是爱情的最初萌芽，是我们第一次尝到心动的滋味，但是费希尔说过，浪漫的爱情不是初恋者的专利，它也可以在长期的感情生活中得到延续和升华。

爱情不是选择题，而是辩证法，真正纯粹的相爱，不是懵懂的不知所措，而是拥有深刻恋爱观后的相知相守，一如杨绛的父母。

提到杨绛父母的婚姻，可能你会有很多的不服气：旧式的婚姻，不过是父母之命，媒妁之言，哪有爱情可言，更别提什么幸福了！亲爱的，你应该听过这样一句话吧，感情是可以培养的。不可否认，我们都渴望一见钟情的罗曼蒂克，但爱情最美的姿态应是细水长流、不离不弃。

在杨绛童年的记忆里，有一段难挨的时光，那便是父亲病重的时候。那时他们已经搬回老家，在江南水乡流动的院落里，过着无人打扰的日子。只是，美好总是短暂的，没过多久，杨荫杭病倒了，不知是气候的原因，还是吃多了最爱的“炝虾”。

杨荫杭是饱受西方文化熏陶的知识分子，只信西医的科学诊断，无奈的是，当时的无锡只有一个西医，并且医疗设施很是不全。这位西医给他检查过身体后，抽了一管血封存，并告知杨家人，血样要送到上海化验，一周后才能有结果。

一周，多么漫长的等待！

七天时间里，杨荫杭的病情逐渐恶化，身体日渐虚弱，连眼中的神采也一天天暗淡了下来。妻子唐须荌很是焦急，多次提出请个有名的中医给他瞧瞧，但他都拒绝了。固执如他，仍在用微弱的力气坚持着自己的信念——等检查结果出来后再对症下药。

时间一分一秒地过去了，化验结果终于从上海寄了过来，但令人沮丧的是，上海的医院并没有确诊什么，他的病情陷入了僵局。

无奈之下，唐须荌再也顾不上丈夫会反对，请来当地有名的中医为他诊断。那时，杨荫杭的病情更重了，直躺在床上说胡话，老中医在进行了一番望闻问切后，只说了“伤寒”二字。

她急切地恳求大夫给开个治病的方子，这位老中医却叹息着摇摇头，表示自己无能为力。刹那间，一记重锤敲击在她柔软的心上，她觉得自己失去了生活所有的支撑。

他是家里的顶梁柱，如果他垮了，整个家就垮了。后来，杨绛回忆说：“我记得有一夜已经很晚了，家里好像将出大事，大家都不睡，各屋都亮着灯，许多亲友来来往往。”

昏迷的父亲，黯然神伤的母亲，还有来来往往的亲友，这一晚，小小年纪的杨绛惊恐不已、忐忑不已、哀伤不已。

只是她的母亲唐须荌并没有沉浸在悲痛之中，她迅速擦干了眼角的泪，摆出了坚强的姿态。这个素来柔弱娴静的女子，从来不曾放弃过丈夫的生命，这一刻，她浑身迸发出无比的能量，哪怕只有一线希望，她也会奋战到底！

爱让人柔软，也让人坚强。丈夫处于生死关头，杨绛的母亲正是为爱而坚强。四处奔波下，她找到了从前的老朋友华实甫。华先生也是当地著名的中医，瞧过杨荫杭的病情后，他虽然也说情况不容乐观，但还是答应试试看，并慎重地开了药方。

拿到药方，她就好像抓住了救命稻草，连夜生火，煎药喂药，忙得不亦乐乎。那一晚，杨家人都没有睡觉，他们静静地守在杨荫杭的床边，一同等待奇迹的到来。

第二日，杨荫杭真的醒了，他睁开双眼，露出一抹淡淡的微笑。唐须荌的日夜操劳终究没有白费，他的病情慢慢好转，全家人都大大地松了一口气。杨绛以为，是母亲无微不至的呵护，让父亲死里逃生。

几十年后，古稀之年的杨绛先生再次回想起这段往事时，不无忧伤地说："我常想，假如我父亲竟一病不起，我如有亲戚哀怜，照应我读几年书，也许可以做个小学教员。不然，我大概只好去做女工，无锡多的是工厂。"

当时年幼，少不更事，她并不记得太多细节，但母亲对父亲衣不解带的照料，却深深打动了她的心。

到底是怎样的力量，才会让素来柔弱的母亲瞬间强大？到底是多么深沉的爱意，才能让素来刚强的父亲湿了眼眶？

因为他们不只是爱人，还是亲人，几十年的夫妻情分，让相濡以沫的两个人早就不分彼此。这世上最纯粹的爱和感动，恰如他们这般，共同经历，不求回报。

有人说，年幼时的爱情常常是肤浅势力的，因为那时的我们不够成熟，容易受到世间华丽表象的吸引，从而忽略了内在的美丑。是的，初恋印象里，你情窦初开的对象，不是英俊帅气的班长，就是痞气前卫的男孩，因为他们有着戏剧化的容貌和标签。

但是，随着年纪渐长，阅历丰富了，心态成熟了，恋爱观变得深刻了，看待爱人的眼光，也自然而然地深刻起来。聪明的女人不会单纯地关注外在，而是会透过表象去发现那内在原本的纯洁。

所以，长大以后，我们可能会爱上一个不善言辞的丑男人，因为他温柔体贴，因为他有一颗金子般可贵的心。长大后，我们也可能会爱上一个姿色平庸的女人，因为她善解人意，因为她热爱生活。

这才是爱情最本真的模样，那个能够和你一起走过平湖烟雨、岁月山河的人，才是你真正的 Mr. Right。

当然，最纯粹的爱与感动，不单单属于爱情，还有亲情、友情。在杨绛的记忆里，一直不曾忘却的还有六岁那年寒冬的场景。那是一个风雪弥漫的夜，北风呼啸，寒意刺骨，忙忙碌碌的母亲望着外面的天，突然焦急地说了一句："啊呀，阿季的新棉被还没有拿出来。"

话音未落，她便放下手中的活计，拿起洋灯，匆匆穿过苍茫一片的后院，亲自去箱子间给四女儿拿新置办的棉被。坐在温暖房间里的杨绛，看着母亲手中摇摇晃晃的洋灯，禁不住想要流泪。

那时，杨绛并不知道自己为何想哭，只是模糊之间，一种别样的情绪涌上了心头。但是，这一刻，她明白了，这别样的情绪叫做感动。

或许，你的记忆深处也有这样的画面。大爱无言，感动无声，每个人的身边，都围绕着这样一群人，他们叫父亲、母亲、恋人、朋友。

不温不火，不疾不徐，幸福不是物质的多寡，而是内心的富足与否，更是付出、分享和爱。最纯粹的爱与感动，总在细枝末节处。你是否也如杨绛那般，心细如丝，发现那裹在复杂世事间的浓情蜜意？

「 第三节 」

世界本来很简单

著名作家萧伯纳曾说过，人生有两种悲剧，一种是欲望不能得到满足，另一种是欲望得到满足。

虚空有尽，欲望无穷，多少人一朝贪念起，迷失名利场；多少人又执着于外物，抱怨世界纷繁芜杂。在这浮华的人间，名和利似乎成了人们最关心的东西，即使不是最关心，也成了无法漠视的存在。

有人说，复杂世事下，不是我喜欢追名逐利，而是这个社会看重。不可否认，我们评判一个人时，会下意识地关注他的财富、成就、社会地位等等。在一定程度上，这些表面的东西可以反映出他的某些特质，只是这些并不是全部，可我们为何偏偏又要活在别人的视线之下？

其实，人生的底色是简单，幸福不在于富足，而在于满足！淡然如杨绛，早在少女时代便知晓了这般道理。

那时年幼，她虽然懵懵懂懂，却已经懂得感知细微的情绪变化。九死一生的父亲慢慢地痊愈了，家里的氛围也渐渐地恢复了往日的祥和与安宁，一切都已步入正轨，小杨绛倚靠着父母坚实而温暖的臂膀，继续着简单而绚烂的人生旅程。

她在慢慢长大，接受着爱与知识的滋养。当然，生活的简单与纯粹，从来不是一成不变的，为了让她接受更好的教育，开明的父亲决定把她送到上海启明女校学习，因为那里不仅教学好、管束严，而且能为学生打好中文、外文基础。

曾经，杨荫杭先后将杨绛的二姑妈、堂姐、大姐、二姐送进了启明女校，这一次轮到了他最宝贝的小女儿杨绛，他要送她去那里学习更多新鲜而进步的知识。

听到这个消息，杨绛是期待的，那个年纪的小孩子，都有着与生俱来的好奇心，她想要看更多的风景、听更多的故事。只是她也是不舍的，舍不得父母，舍不得温暖的家。

经历了这么多的生离死别，母亲唐须荌自然也是舍不得女儿的，更何况乖巧可人的杨绛一直长在身边，从未离开过。

于是，临行前，母亲这样问她："你打定主意了？"

杨绛回答说："打定了。"

母亲又问道："你是愿意去？"

"嗯，我愿意去。"

虽然嘴里这样说着，眼泪却不受控制地扑簌簌落下，她赶紧背过脸，怕自己的眼泪惹得母亲难过。后来，当回忆起这段过往，她如是写道："幸好在那间昏暗的屋里，我没让妈妈看见。我以前从不悄悄流泪，只会哇哇地哭。这回到上海去上学，就得离开妈妈了。

而且这一去，要到暑假才能回家。”

无声的眼泪晕染着成长的轨迹，小小年纪的她已经如此懂事，心思细腻地顾及着家中每个人的感受。

那时，母亲专门为她备好了一个小箱子，让她自己决定要带的东西。此外，母亲还给了她一枚崭新的银圆，嘱咐她应急时用。长这么大，杨绛哪里拥有过这么多的“财产”，平日里不过问母亲要几个铜板买东西，可这一次，母亲给了她闪亮的银圆，这是只属于她的，印刻下母亲深深的挂念。

聪慧如她，自然懂得母亲的心意，这枚银圆成了她的宝贝，她用自己最心爱的细麻纱手绢儿细细包好，藏进上衣左边的口袋。就这样，她离开了家，离开了熟悉的亲人，踏上了悠远的求学之路。

你是否还记得第一次离家的模样？每个孩子都会经历分离，那是成长和独立的必经之路。不舍的目光，缱绻的眷恋，告别和嘱托将思念拉长。前方的一切都是未知的，它如同诱人的巨大糖果，吸引着好奇而渴望的心，但它真正的味蕾，还需在无垠岁月里细细品尝。

我们都在成长，用属于自己的方式，终有一天，稚嫩的孩童会离开父母保护的翅膀，学会独自飞翔。

来到启明女校的杨绛，见到了一个全新的世界，这所教会学校虽然规模不大，但与她在无锡就读的小学相比，可以说是气势恢宏了，因此她欢喜着、雀跃着，在心里不断地向大王庙的女伴们卖弄着：“我们的一间英文课堂（学习外语学生的自修室）比整个大王庙小学还大！我们教室前的长走廊好长啊，从东头到西头要经过十几间教室呢！长廊是花瓷砖铺成的。长廊下面是个大花园。教室后面有好大一片空地，有大树，有草地，环抱着这片空地，还有一条很宽的长走廊，直通到‘雨中操场’。空地上还有秋千架，还有跷跷板……我们白天在楼下上课，晚上在楼上睡觉，二层楼上还有三层……”

那时的杨绛，简简单单，俏皮可爱，亮晶晶的眼眸里流露的是不设防的欢喜。于她而言，这里的一切都是新鲜的，但她很快便融入了自己的新世界。

启明有专门照顾学习和生活的修女，孩子们叫她们“姆姆”。对于姆姆们，孩子们又怕又亲，因为她们设下了许多规矩，坏了规矩的孩子就要受到非常严厉的处罚。

小杨绛从来没有被处罚过，向来乖巧可爱的她，无论走到哪里，都是讨人喜欢的，她天真烂漫的性格，给学校时光注入了欢乐的正能量。

而且，女校的课业内容十分丰富，除了基础的课业，孩子们还可以根据自己的兴趣选择喜欢的科目，比如绘画、钢琴等，全部由专业的修女担任教师，感兴趣的学生只要交足学费，便可以学习。

一个浩瀚灿烂的世界，向她敞开了怀抱。新奇、神秘、多彩、美好……徜徉在知识的海洋，无数美好的感受撞击着她美丽的心灵，渐渐地冲淡了她对家人的思念。

远离家乡，无限唏嘘，因为平日的课堂生活愉快而充实，所以她并不觉得日子难过。按照学校的规矩，每月的第一个星期日是“月头礼拜”，这一天，上海本地的学生便可以放假回家，只余下杨绛她们几个外地的小鬼头。这时候，浓重的乡愁便会去而复返，缠绕心间。

凭着旧日的记忆，有时她也会想象一家人热热闹闹吃饭的画面，只是那样的嬉笑玩闹太过欢乐，衬得眼前的冷寂格外难熬。每到这时，她都会忍住眼泪，暗暗告诫自己要坚强，因为懂事的小姑娘明白父亲的良苦用心。

是的，无论是谁，无论日子过得如何风生水起，但总有那么一个瞬间，我们会特别思念最亲近的人。思念让人软弱，也让人坚强，或许，你也会如杨绛一样，在思念中坚韧，在坚韧中成长。

冷冷清清的校园，留校的孩子们不似平常那样笑闹，姆姆们看着很是心疼，便会额外为她们做些点心。只是，点心再香甜，吃到她的嘴里都是食之无味的，反而会让她更加思念母亲做的吃食。

岁月无痕，日子浅淡，杨绛并不记得自己到底过了多少个“月头礼拜”，只记得有一天大姐来了，说要带她去个地方。

于是，她与大姐一起穿过长廊，走出校门，电车将她们带到了一栋漂亮的建筑物前。姐姐说：“这里是申报馆，我们是去看爸爸！”

原来，为了生计，她的父亲杨荫杭来到了上海工作，正在申报社做主笔。听到这个消息，杨绛高兴极了，她已经太久没见父亲了，心中攒了许多话想对他说。

当时，正在伏案疾书的父亲并没有发现姐妹二人到来。于是，古灵精怪的两个人故意放轻了脚步声，悄悄地走到他的跟前，当他因察觉而抬头时，正好撞见两张可爱明亮的笑脸，不自觉地笑出了声。

久别的父亲，久违的笑容，一切都是那样熟悉，时间仿佛压根没走，这一刻，杨绛的眼眶变得酸涩，原本想要说的话，一下子堵在了喉咙，怎么也说不出来了。

一番嘘寒问暖后，父亲放下了手中的纸笔，招呼姐妹二人出去“吃大菜”。其实，他所谓的“吃大菜”，并不是真正的吃菜，而是吃西餐，又叫“挨剋”。

这是杨绛平生第一次吃西餐，她有些拘束，看到桌上的刀叉后，更是一片茫然。父亲看出她的心思后，轻声安慰说：“你坐在爸爸对面，看爸爸怎么吃，你就怎么吃。”

一句话，安了她的心。虽然她学不来父亲的从容不迫，但那胡乱挥舞刀叉的模样很是可爱，惹得父亲忍俊不禁，只是怜爱地看着她把餐盘里的食物切得七零八落。

吃过饭后，父亲把姐妹二人送到电车站台。一路上，小杨绛乖乖地跟在父亲的身后，听着他和姐姐聊天，虽然她并不知道他们到底在聊些什么，但这样安静地待在家人身边，她便觉得心满意足。

因为工作的关系，她并不能每天都和父亲见面，但同在一座城市，父亲和姐姐不时的探望，让她的心中充满欢喜，她不再为“月头礼拜”不能回家而伤感了，因为她知道父亲就在自己身边。

其实，生活的本质是真诚。一切都很简单，无非是遵循心底的情绪，高兴时开怀大笑，难过时伤心流泪，离别时不舍眷恋，重逢时欣喜快活，重要的是，活在当下的那个人，是诚恳而幸福的。

命运的序曲裹着成长的芬芳，就这样，杨绛在启明女校待了三年。三年时光里，她自由地吸收着知识的养分，从懵懵懂懂的小女孩，蜕变成知书达理的少女，怒放在美好的青春里。

心若浮尘，浅笑安然。看，生活便是如此简单。最美好的岁月叫成长，幸福不过是单纯地做自己，快乐时微笑，悲伤时流泪，有笑闹的伙伴、慈祥的老师、思念的家人。

不知你有没有留意到，颜色越清浅的花朵，香气往往越浓郁，而颜色越是艳丽的，越是缺乏芬芳。其实，人的性情也是如此，愈是沉静踏实的人愈有厚重的魅力。只是，在现实生活中，简单的人越来越少，面对世间各种诱惑，我们变得越来越浮躁。

内心的浮躁和欲望，如同尘埃，一旦风起，便会漂浮不定，使心灵浑浊不清，难以安定从容。因此，莎士比亚在《仲夏夜之梦》

中如是写道："女人啊，华丽的金钻，闪耀的珠光，为你赢得了女皇般虚妄的想象。岂止你的周遭，只剩下势利的毒，傲慢的香，撩人也有杀人的芬芳。女人啊，当你再度向财富致敬，向名利欢呼，向权力高举臂膀，请不必询问那只曾经歌咏的画眉，她已经不知飞向何方。因为她的嗓音已经干枯暗哑，为了真实、尊荣和洁净灵魂的灭亡。"

世界本来简单，复杂的是我们的内心，这也让我们眼中的世界变得复杂。其实，无需多言，也无需多虑，做自己该做的，过程中努力，结果上随缘，轻松一点，也简单一点，过洒脱无憾的人生。

人间万象，世事纷繁，看似杂乱，其实简单，只要你如杨绛那般真实沉静，便能守住心灵的净土，独揽生命的纯白。

「 第四节 」

精神要有一方暖色的栖息地

似水流年，总喜欢穿心而过，清浅岁月，在平淡中日渐温润，记忆的年轮转了一圈又一圈，岁月的脚步细数淡淡光阴，那时光深处的暖，栖在深深浅浅的诗行里。

转眼又到春暖花开的时节，万物睁开了惺忪的睡眼，在这轻盈的日子里，内心不由自主地柔软起来。

在杨绛求学的那段日子里，她的父亲曾经把家都搬到了上海，而且一边在《申报》做主笔，一边重操律师旧业。这个刚正的男人认为，世上只有两种职业可做，一是医生，二是律师，他做不了医生，只能做好律师。

只是，当一个好律师谈何容易！黑暗的社会，纷乱的时局，法律早就成了当权者的统治工具，律师想要依法伸张正义，并不是件简单的事情。不久，杨荫杭便因上海局势太过复杂，决计定居苏州，而杨绛也随之转入当地的振华女中。

当然，杨荫杭并没有放弃律师的角色，为了更好地开展律师业务，他们买下了苏州老宅“安徐堂”。“安徐堂”是明朝的建筑，经过几百年的风吹雨打后，早已破败不堪，里面有一间高大的厅堂，苏州人称之为“一文厅”。

据说，明熹宗年间，宦官魏忠贤当道横行，有人奏称“五城造反”。刹那间，“五城”成了众矢之的，而苏州也位列其中。自古以来，帝王很是忌讳造反之事，危急关头，有个姓徐的大老爷将“五城”巧妙地改成了“五人”，保护了苏州城的平民百姓。

而为了感谢这位“徐大老爷”，苏州百姓便每人募捐一文钱，为他建造了厅堂，“一文厅”因此得名。

杨荫杭用一大笔人寿保险费买下了这座摇摇欲坠的破宅院。当时，这里压根无人问津，但独具慧眼的他向来喜欢有历史底蕴的东西，于是便毫不犹豫地买了。更何况，拆除残破的小房子，再整理修葺一番，添种些花木，这里还是不错的安居之所。

其实，他是反对置办家产的，买下这所房子实属无奈之举。当然，他反对不是为了图省事，而是有着这样一套原则：一、经营家产耗费精力，甚至把自己降为家产的奴隶；二、对于子女来说，家产是个大害，自古以来，大少爷不求上进、坐吃山空，最终成了废物的例子数不胜数。

于是，他对儿女们明明白白地说：“我的子女没有遗产，我只教育他们能够自立。”

世间有多少人，因为房车而债台高筑，没有丝毫喘息的空间。房奴，车奴，怎样的人生才是有意义的，难道非要住在自己买的房子里才叫幸福吗？三毛说：“人生如三道茶，第一道苦若人生，第二道甜似爱情，第三道淡如微风。”幸福并不在于家里的摆设有多么豪华，而在于心灵的诗意，只要心安，哪里都是暖色的栖息地。

这个睿智的男人，早就参悟了其中的道理，因此他活得依旧洒脱。另外，他常说，做人要有志气，要自食其力。是的，人活一口气，在这纷繁的世间，我们还是要有所坚持的，这对杨绛的心灵塑造产生了很大的影响。

搬入“安徐堂”后，杨荫杭他们先修葺了一套比较好的房子居住。当时，前前后后的破房子还没有拆尽，阴湿的院子里，只要掀开一块砖，就能看到密密麻麻的蜘蛛和鼻涕虫。杨荫杭为了鼓励孩子们干活，也为了让他们明白自食其力的道理，悬下了这样的赏格：小蜘蛛一个铜板三个，大蜘蛛三个铜板一个，鼻涕虫一个铜板一个。

这个开明的父亲，用偏西式的教育方式告诉他们“劳动光荣”，可谓用心良苦，只是杨绛周末回家时，发现弟弟妹妹们都在抓虫子，连因病休学的三姐也在不遗余力地“赚钱”。

母亲唐须荌见此情景，笑着对丈夫说：“不好了，你把‘老小’教育得‘唯利是图’了。”

但是，杨荫杭的“物质刺激”还是很有效的，没过多久，庭院里再也寻不到蜘蛛和鼻涕虫。另外，唐须荌对这群“唯利是图”的孩子们也很有办法，让他们把钱存在自己手里，需要用的时候再过来拿。十几块也罢，几十块也罢，往往是存户忘了讨账，银行忘了付款，糊涂账渐渐化为乌有。

只是，杨绛对这些东西并不感兴趣，她如是说：“假如我们对某一件东西非常艳羡，父亲常常也只说一句话：‘世界上的好东西多着呢……’意思是：得你自己去争取。也许这又是一项‘劳动教育’，可是我觉得更像鼓吹‘个人奋斗’。我私下的反应是，‘天下好东西多着呢，你能样样都有吗？'”

俗语有云:“天下熙熙皆为利来，天下攘攘皆为利往。”众生芸芸，在酷暑寒冬中忙碌奔波，为的不过是一个“利”字，于是追名逐利成了许多人生活的常态，只是名与利真的如此重要吗？

季羡林先生如是说:“到了今天，名利对我都没有什么用处了，我之所以仍然怕，是出于惯性，其他冠冕堂皇的话，我说不出。‘爬格子不知老已至，名利于我如浮云’，或可道出我现在的心情。”

季老的话语说得朴实，与杨绛的想法可以说是不谋而合。养心莫善于寡欲。这个素色的女子，终究是更像母亲，淡泊名利，心净而清。

给精神一片暖色的栖息地，家无疑是最好的停留。这或许就是大多数人在受伤时格外思念家的原因吧，因为家是最不设防的存在，是最暖色的一方栖息地。

所以，有人在失意时会马不停蹄地赶回家，只为母亲那碗滚烫的酥油茶，只一口便能找回心灵的安然；有人在受伤时也会归心似箭地赶回家，只为父亲那夹杂着关心的沉默的眼神，只一眼便能释放所有的负面情绪。

杨绛也是依恋家庭温馨的，她很想一直待在父母身边，只是振华女中是一所寄宿学校，她只有周末才能回家。但是，比起在上海启明女校的时光，她已非常满足，聪慧的女子最是懂得知足常乐。

平日里，她是女中积极上进的学生，而一到周末，她便兴冲冲地跑回家，依偎在父母身边，做乖巧听话的女儿。那时，她最小的妹妹阿必刚刚出生不久，粉嫩嫩的，很像已经过世的二姐，她一直记得母亲惊喜的话语:“活是个阿同！她知道我想她，所以又回来了。”

懂事的杨绛，为了自己的母亲，也会更加关爱自己可爱的小妹妹，每次都争着抢着哄她睡觉。

她的母亲是温婉和气之人，对待下人也是客客气气的，从不指手画脚。然而，住在杨家的三姑妈并不是如此，那时的杨荫榆，性子已经有些怪癖，她认为自己是不能做家务的，因为如果动手抹两回桌子，女佣们就会当成规矩，从此再也不抹了。所以，杨家的佣人常因“姑奶奶难伺候”而离开。

姑奶奶的大小姐脾气，给杨绛的母亲制造了很多麻烦。当时，因为家里孩子多，母亲唐须荌整天忙里忙外，根本没有空暇的时候，再加上从不过问家务事的小姑子常常惹些麻烦，她的日子过得更是焦头烂额，但她从来不计较，有什么好东西依旧想着杨荫榆。

将一切看在眼里的杨绛，很是心疼自己的母亲，于是遇到母亲爱吃的东西，她都会偷偷留着。有一次，他们买了一大包烫手的糖炒栗子，杨绛知道母亲爱吃，便将剥着软而润的揣进口袋里，其他的孩子们看到了也悄悄打着“偏手”，不一会儿便将所有栗子都剥完了，精细的三姑母奇怪地问：“这么一大包呢，怎么一会儿就吃光了？”

几个小鬼不约而同地相视一笑，杨绛便揣着栗子送到母亲手心。可怜天下父母心，她是杨绛眼中最好的母亲，有什么好吃的都想着他们，有时候缠得紧了，才会佯装吃上几粒。这一次，杨绛拉着母亲的手，忽闪的大眼睛紧紧地盯着她的嘴巴，读懂女儿心意的唐须荌索性吃得一粒不剩。

看着吃得津津有味的母亲，杨绛很是开心，这种开心是深刻的，谁人也无法替代。

这便是杨绛，性子温婉如水，完全遗传了母亲的菩萨心肠，无论是在生活上，还是在精神上，她都非常体贴自己的父母兄妹。

在父亲伏案办公的早上，她会送来一杯热气腾腾的盖碗茶，饭后小憩，她还会送去削好的苹果，或者剥好皮的山核桃和栗子。另外，她还会悄悄带着弟妹去别处，怕惊扰了父亲午休……

她是细心懂事的孩子，将一切看在眼里的父亲很是喜欢，一天，他叫住想要离开的杨绛："其实我喜欢有人陪陪，只是别出声。"于是，她便常常陪在父亲身边，安安静静地看书，有时也会拣他写秃了的长锋羊毫练练字。

这个文静的女孩，虽然话语不多，但心细如发，父母怎能不喜欢？

冬天，杨荫杭的屋子里是有暖炉的，为了不打扰父亲，她连往火炉里添煤都是轻手轻脚的，没有一点声响，因此无论是姐姐还是弟妹，都对她佩服有加。

只是这个安静的小姑娘，也有调皮的时候。有一年寒假，父亲正在午休，她和弟弟妹妹们一起围坐在暖炉旁偷烤年糕，只是，一不小心，年糕掉进了暖炉里，惹出一番噼里啪啦的声响。他们几个小孩子见闯了祸，一溜烟儿地全跑了出去。

不一会儿，他们又悄悄地蹭了回来，在门口缩头缩脑地张望，看到父亲正在神态轻松地工作，这才又偷偷溜进来找年糕。而杨荫杭，一边忍着笑，一边假装没有发现他们的诡计。

她是天真烂漫的小女子，总能让我们发现不一样的可爱之处。家是温暖的港湾，是心灵的栖息地，在这片用亲情打造的乐园里，她的精神得到了最舒适的休憩。

除了家，出身书香门第的杨绛，还有一片安宁的空间，那便是书，氤氲茶香，扑鼻书馨，她总能在书中寻到心底的声音。

有一次，父亲如是问她："阿季，三天不让你看书，你怎么样？"

她想了一会儿说："不好过。"

接着，父亲又问道："一星期不让你看书呢？"

这一次，她不假思索地回答说：“一星期都白活了。”

听到这里，杨荫杭笑着点点头：“我也这样。”

嗜书如命的父女二人，在书中找到了共鸣，寻到了知音。腹有诗书气自华，读书的女人很是可爱，即使相貌平平，也会因优雅的气质、脱俗的谈吐、大方的仪态，自成一道风景。

有人说，喜欢看书的女人大多感性、细腻，而且格外善解人意。是的，杨绛便是这样的人，对于女人而言，美丽不仅需要保养，还需要经历，那些倾情演绎人世沧桑的文学著作，给了女人最好的经历。

毕淑敏曾说过：“日子一天一天地走，书要一页一页地读。清风朗月水滴石穿，一年几年一辈子地读下去。书就像微波，从内到外震荡着我们的心，徐徐地加热，精神分子的结构就改变了、成熟了，书的效力就凸显出来了。”

清风朗朗，水滴石穿，聪明的女人将生活当成书来读，一页一页，一年几年一辈子地读，而那些喜怒哀乐、悲欢离合，都能在书中得以宣泄消融。

像杨绛一样做女人，请不要忘记多读书、读好书，给精神一方暖色的栖息地。

第二章

有对明天的渴望，就有今天的坚持

「第一节」

世界是自己的，与他人毫无关系

一位伟人曾经说过："要么你去驾驭生命，要么是生命驾驭你。你的心态决定谁是坐骑，谁是骑士。"

是的，生活就是一出戏，太多的人争着抢着想要成为舞台上独一无二的主角，获得别人的赞誉和掌声。于是乎，他们卖力地表演着，忽略话语的言不由衷，忽略事情的身不由己，力求一颦一笑都惊艳逼真，只是为何，曲终人散时竟会有点点滴滴的落寞？

人生纵使精彩万分，让人欣羡，然而太多时候，我们只不过是为了别人而卖力演出。每个人心中都拥有一个真实的梦想、一份纯真的渴望，这才是生命价值的意义之所在，但是我们太容易将它遗忘，轻而易举地将其丢弃，于是你不再是骑士，而是被生命驾驭的坐骑。

表演再精彩，也只是一场不真实的梦而已。世界是自己的，与他人毫无关系，我们要敢于说不，敢于真实，敢于演绎自己的人生，只为自己痛痛快快地活！

因为她的父亲，少时的杨绛便已领悟到这样的道理。别人都说，父爱是一座城。温厚的父亲，温暖的知己，或许，父爱对于每个人的意义是不同的，但它的存在给人一种安全感，无论你走了多少陌生的路，他都会站在原地，微笑地看着你、守护你，给你必要的指引。

那是在振华女中读高中时，那一年她十六岁，正是如花似玉的豆蔻年纪，但是娇小如她，还没有完全长开，依旧懵懵懂懂的，看上去只有十三四岁。

在那个动荡的年代，北伐战争仍在如火如荼地进行着。学生们为了表示支持，纷纷涌上热闹的街头，游行示威，集会演讲。在那些兴奋而躁动的日子里，一个个年轻的声音，鼓动着青春的激情。

只是，学生们的正义举动下，经常会有一些居心叵测的人混在队伍中搞破坏，甚至还有猥琐的流氓趁乱轻薄女学生。因此，杨绛并不热衷于此。

一次，学生会动员学生们上街搞宣传活动，当时需要有人站在街头的小板凳上呼吁演讲，机缘巧合下，杨绛入选了。只是，娇小柔弱的她，一想到自己站在板凳上被众人围观的场景，便觉得如同当街被戏耍的猴子一般滑稽。

自己细弱的声音如何穿透喧哗的人群呢？如果真的遇见无赖之徒怎么办？想到这里，杨绛就更不愿意参加了，却苦于没有拒绝的理由，所以她便学起那些古板人家的女学生，想要借家人不同意之名推辞掉。只是，他的父亲听说后，义正词严地说："你不肯，就别去，不用借爸爸来挡。"

杨荫杭从小便是个倔脾气，眼里容不得半点沙子。张勋复辟时，他正任江苏高等审判厅厅长，当时江苏名士乡绅联名登报表示对张勋的拥护和欢迎，并在杨荫杭不知情的情况下，自作主张地加上了他的名字。得知此事后，杨荫杭并没有碍于面子而隐忍下来，他坚持“名与器不可以假人”，并立即在报纸上专门登了一则启事，声明自己并没有欢迎这样的“辫帅”。

这便是杨荫杭的原则，有就是有，没有就是没有，掺不得假！只是，看着父亲冷毅的面庞，杨绛疑惑了，平素和蔼可亲的父亲怎么会突然变得如此决绝？在父亲不假思索的拒绝里，她苦着脸说道：“不行啊，少数得服从多数呀！”

杨荫杭沉吟了片刻，语重心长地说：“该服从的就服从，你有理，也可以说，去不去在你。”

然后，他将自己坚持登报的事告诉了女儿，他知道有人会批评自己“不通世故”，但他仍在坚持，世界是自己的，为何要因别人的只言片语而改变呢？他这样对女儿说：“你知道林肯说的一句话吗？Dare to say no！你敢吗？”

“敢！”虽然有些底气不足，杨绛依旧把这个字说得掷地有声。

正所谓慈母严父，父亲杨荫杭不过是在教她遇事不能逃避。在这纷杂的世间，勇气是一项不可多得的财富，无论遇到什么样的问题，只有勇敢地面对，才能很好地解决，一味地用谎言来逃避，只会让问题越积越多、越来越严重。

第二天，她回了学校，表示自己不去参加街头宣传，当别的同学问及原因时，她也只是很坦白地说：“我不赞成，所以，我不去。”

在热情高涨的革命氛围下，在老师、同学们殷切的目光里，这样简单的几个字，说出来并不容易，但在父亲的鼓励下，她还是勇敢地站了出来。即使后来她成了“岂有此理”的众矢之的，即使她遭到校长的严厉批评，这个柔弱的小姑娘依旧倔强地坚持着——不赞成，所以不去！

其实，她只是遵从了自己的内心，做最真实的自己。生活是自己的，我们没有必要戴上面具，活在别人的指点之下。

我曾经看过这样一个故事，说的是一个平凡家庭的平凡女子，她有一份平凡的工作，嫁了一个平凡的丈夫，只是她这个平凡人恰巧被一个剧组招聘演王妃，于是她便开始了自己不平凡的王妃生涯。

当然，一切并不如想象中那般顺利。尽管她阅读了许多关于王妃的书籍，尽管她细心地揣摩王妃的每一缕心事，尽管她一再重复王妃的一言一行、一颦一笑，但是挑剔的导演却一次次让她重来，直到她能够驾轻就熟地扮演王妃。

如今，她已经颇有王妃的派头，进入角色完全不用浪费时间，只是她忽然发现，要回到平凡的自己是如此的困难，有时甚至需要折腾一整个晚上。每天早晨醒来，她必须一再提醒自己是谁，才能防止无来由的颐指气使；在善良的丈夫以及可爱的女儿面前，她也要一再地告诫自己是谁，才能避免莫名其妙的喜怒无常。

女子痛苦地说：一个享受过优厚待遇和至高尊崇的人，恢复平常实在是太难了。只是她不知道，说这句话时，她依旧像极了王妃，她已经习惯于出现在别人的构想里，习惯了别人的掌声和膜拜。

有时候，面具戴久了，你便会忘记真实的自己，一如她。其实，这是可怕的，如果你不再是你自己，那生活的意义又是什么呢？

很多时候，别人给予的掌声只是廉价的肯定和鼓励，我们需要的，不只是为了在别人面前证明自己。生活是自己的，我们更应该在人生的舞台上证明给自己看。

真实的，才会更有价值。有人说，敢于拒绝，敢于说不，这是一种勇气，更是一种处事的智慧。是的，虽然杨绛是柔软的女子，文文静静，不言不语，但她刚正不阿的好父亲，用自己的言语和经历，教会了女儿要敢于坦白，敢于说不，敢于成为柔软中的“钢铁”。

当然，事实证明，她的坚持是正确的。当被推选出来的其他三位女学生在街头做着激情洋溢的演讲时，自称是国民党军官的男人便开始吆喝起哄，并很轻佻地邀请她们明日游园宣传。谁都明白，宣传只是借口，他们想做的可不只是游园吃饭那么简单。

不久之后，关于杨绛的嘲笑声消失了，整个宣传活动也因许多女学生受到骚扰而终止。许多年后，杨绛承认自己不热衷于英雄主义，并且反对狂热的理想主义，这是她的行为哲学。她说自己佩服那些上街宣传的女同学，因为她们身上有自己欠缺的勇气，但她更佩服自己的父亲，因为他的睿智，自己做出了正确的选择。

经过这件事，杨绛深刻地懂得了面对与逃避的不同，父亲的教诲在她的心里留下了不可磨灭的印象，一句简单的“Dare to say no”为她的人生指引了正确的航向。

人生不是为了迎合别人的需求，事实上，给予别人快乐并不难，难的是满足自己的快乐需求。大多数时候，我们都活在别人的期望之中，只有勇敢的聪明之人才能义正词严地说出那声“不”，即使与全世界为敌，他们知道，兰花生于幽谷，不是为了别人的欣赏而活！

如人饮水，冷暖自知，世界是自己的，与他人毫无关系，所以对于那些不喜欢的事情，没有必要因别人的意见而勉强自己。很多时候，拒绝比接受要困难得多，如果不懂得拒绝，人生路上往往会多出现许多不必要的弯路，勇于说不的人，才能走上人生的康庄大道。

杨绛是幸运的，不仅有温柔细腻的母亲，还有以理服人的父亲。

从小到大，父亲从来没有强迫过她，连学习也让她按照自己的兴趣来：她喜欢诗词小说，便买来给她；她不喜欢音韵学，也不勉强她。

高中时，杨绛依旧分辨不清平仄声，父亲杨荫杭只是宽容地笑笑："不要紧，到时候自然会懂。"果然，有一天她终于将四声都分辨出来了。有时候，杨荫杭也会在廊前考她一些字的发音，只是这个温文尔雅的父亲，无论女儿答对与否，都带着和煦的笑意。

孔子云：大叩则大鸣，小叩则小鸣。他是开明的，尊重女儿的观点，习惯让孩子们顺其自然地成长。正是因为父亲这样特别的教诲，杨绛从小便养成了广泛的爱好，尤其对文学感兴趣。

世人皆为利，扰扰如逐鹿，
安得遨游此，翛然自脱俗。

高中时期，杨绛的课卷习作《斋居书怀》被选登在校刊之上，并且她的国语老师给出这样的四字批语——仙童好静。

这个温润的南方女子确实好静。父爱是一座城，筑起了她心中温暖的城堡，漫漫人生路上，父亲不仅给她良好的教诲，还让她明白了许多做人的道理，这些珍贵的财富让她一生受用。

或许，正是因为父亲的指引，她才懂得如何掌握自己的人生。真正幸福的人生是如她这般，真实地过自己想要过的生活。

世界是自己的，与别人毫无关系。请记住，在你的人生里，只有你自己才是唯一的主角，请记住，只做自己，做内心强大的快乐女子！

「第二节」

是谁指引了青春

青春的味蕾，充盈了整个岁月，那些或甜蜜或苦涩的经历，那些或感悟或成长的收获，总能在回忆中开出最灿烂的花朵。青春是一张纸，在时光的流淌中起了褶皱，灵魂却依旧淡然优雅。

当时年轻，青春是用不凋零的希望和不泯灭的向往编织的彩虹，绚丽辉煌；一念执着，青春是用永恒的誓言和顽强的韧劲筑起的铜墙，固若金汤；无悔岁月，青春是用顽强的意志和拼搏的汗水酿成的琼浆，历久弥香。

谁没有年轻过，谁又不曾拥有过青春？留一份空白，守一份牵挂，天空和白云的承诺，因为阳光而温暖缱绻。

杨绛也年轻过，拥有恣意温暖的青春。杨家有女初长成，她如同一株含苞待放的雏菊，生机勃勃，在青春的褶皱里芳香悠远……

在大学里，青春包裹着知识的芬芳。每个人的大学时代都是有故事的，当时的我们有梦想、有憧憬，心里澎湃着满满的激情，那是整个青春时代的主旋律，杨绛也不例外。

在她的记忆里，振华女中上学的日子弥足珍贵，因为她在父母身边，与兄弟姊妹在一起，生活很是悠闲、清净、丰富、温馨。她说，庙堂巷的岁月是她一生最值得回味的日子。

是的，因为离家近，她可以常常回家，徜徉在家庭的温馨里。母亲的温婉醇厚，父亲的正直威严，让她的成长吸收了许多正面的东西，这是她性格的基石。

只是，上学总有毕业的时候，人不可能停留在原地。她自小便是聪明的孩子，几年的女校学习不仅为她打下了扎实的国学基础，并且使她在外文方面也有了一定的造诣。杨绛学东西是很快的，振华正常需要六年才能完成的学业，她用五年就读完了，而且以优异的成绩毕业，这让她的父母颇感欣慰。

我们都经历过高考，那是关乎命运的考试，那些灯下苦读的日子，那些汗流浃背的夜晚，只为一张心仪大学的录取通知书。杨绛心仪的学校是清华大学，她一心想去那里深造。只是，毕业那年，清华大学还没有开始在南方招收女生。

就这样，她遗憾地与清华大学失之交臂。更令人无奈的是，清华大学从下一年起，便开始来南方招女生，她的几个学妹都如愿考入。如果没有提前一年修完高中课程，她的人生会是怎样的光景？或许会更好吧，至少她会提前遇到那个玉树临风的才子。

只是，世间没有如果，她浅浅地笑着，真实的生活里依旧幸福满溢。这便是命运，我们无法假设，亦无从选择。

当时，她考上了两所学校，南京的金陵女子文理学院和苏州的东吴大学。这两所学校都是颇为优秀的，只是女子学院相对比较闭塞，很少接触外面的环境，而东吴大学是男女同校，学习氛围很是宽松，还可以接触形形色色的人。

大学的选择可以说是关乎前途和未来的大事，断不能太过草率，家人自然对此也很是关心。最后，杨绛选择了东吴大学。葑溪之西，胥江之东，广厦万间崇，那是个美丽的地方。

那是个落叶缤纷的季节，她来到了东吴大学。陌生的校园，全新的开始，沉浸在初入大学新鲜感中的学子们，总有着无以言表的兴奋。

三年的努力，换来这一刻欢愉，一切的付出有了结果，这怎能让人不兴奋呢？只是迫不及待逛着校园的学子们，并不知道这个崭新的世界能够给予怎样的锦瑟华年。

那个年代，虽然经过了“五四运动”的文化洗礼，但根深蒂固的封建思想依旧束缚着广大妇女，去大学接受教育的女生不多，去男女合校的就更少了。

东吴大学也没有多少女学生，因为女生少，他们并没有安排专门的女生宿舍，所以杨绛等几个女生便被暂时安置在一座小洋楼里。那里郁郁葱葱，幽静雅致，原是一位美国教授的寓所，他离开后，便成了女生们的临时公寓，可以说是当时学校提供的条件最优越的居所。

花草树木环绕，青藤悄悄爬上纱窗，斑驳的阳光穿过绿叶投进洋楼，或明或暗，跳着欢快的舞步……在这样的意境里，少女们明亮的笑声冲淡了幽暗。初入大学，她与三四个女孩子合住，倒也不显得拥挤。第二年，她与中学的同班好友淑姐一起搬到了从前教授男仆的房间。

一张桌子，两张小床，几把椅子，房间的陈设简简单单，却很是温馨，面积不大，却透着幽静。站在窗前，望着外面苍郁的树林，杨绛的心中油然升起岁月静好的美好感觉。

知足常乐，自自在在，她继承了父亲的清简，想要的不过是简简单单的快乐。

青春的记忆张扬在课堂，在运动场，在社团，在校园的每一个角落。毕业多年，职场打拼时，最让人魂牵梦萦的便是校园的欢声笑语。

东吴大学是一所教会学校，有着先进的办学理念和教学思想，不仅重视课业知识的教学，还特别重视学生的体育锻炼。虽然杨绛文静且不善运动，但她还是参加了女子排球队，神奇地成了一名排球队员。

聪颖如她，一番苦练过后，柔弱娇小的她便成了排球队的一员干将，后来还被推选参加了比赛。她第一次比赛，是和邻校的球队，比赛当天，操场上聚集了一大群同学，他们摇旗呐喊、加油助威，杨绛的紧张情绪在好友们的打气声中渐渐缓解。

轮到她发球了，只见她镇定地将排球往空中一抛，右手迅速奋力击去，那脱手而出的排球，似乎带着无穷的威力，打出去后便砰然落地，压根没给对手接球的机会。

真是一记漂亮的发球！全场沸腾了，支持杨绛队的同学们都高声欢呼起来，为她加油喝彩，她的队友们更是士气高涨，乘胜追击，最终赢得了比赛。

后来，她看到电视屏幕上的排球比赛时，仍会眉飞色舞地对人说："我也得过一分！"是的，大学校园的排球场上，留下了她的飒爽英姿，这关键的一球，是她津津乐道的美丽回忆。

这便是大学时代的杨绛，活得真实灿烂，就如同一朵洁白的雪莲花，虽然不似娇艳的玫瑰那般绚烂，却自成一道风景。

有人说，大学时代是一朵绚丽的花，在正值青春时妖娆绽放。或许吧，只是大学那几年，一心沉醉于学习的杨绛，拒绝了所有的儿女私情，或许她只是在等待那个对的人，那个可以将心扉融化的人。

盛开一时，绚烂一世，对的花期需要等待，等待那一辈子的芬芳。

青春岁月，无忧无虑，那时的我们年纪尚小，可以暂且不去关心大人们的世界，也可以暂且不用为了生计忙忙碌碌。十几岁的年纪，其实我们不过是刚刚摆脱了“乳臭未干”这个形容词，但渴望长大的我们却总是摆出小大人的模样。

于是，有人渴望成熟，有人追求个性，有人希望自己的青春动感张扬，而杨绛只认认真真地做自己。其实，这都没什么，我的青春我做主，每个人都有选择的权利。

在东吴大学，她仍是那个爱读书的小姑娘，徜徉在浩瀚的书海里，那里书香萦绕，丰富有味，那里是她想要的知识王国。几年时光，她的大部分时间都用在了博览群书上，没有课的时候，她便会泡在图书馆里，寻一个靠窗的位置，与书为伴，看远处湖光山色。

她总是这样，不知疲倦地读。多少个没课的周末，她穿过清晨的薄雾来到图书馆，直到晚上关门时才披星戴月地离开。那几年，古今中外的小说几乎被她翻了个遍，走进东吴大学的图书馆，随便翻开一本小说，她都能说出其中的故事。

当然，她是喜欢这种日子的，安宁平静，带着踏实的欢愉。

众多图书中，她最喜欢的是外国小说，那跌宕起伏的异域故事，总能轻而易举地将她带入另一个全新的世界。作为一所教会学校，东吴大学很是重视外语学习，再加上她本身就喜欢外国文学，所以她读了很多原版名著。三年时间里，她的外语已经达到很高的水准。

如饥似渴，嗜书如命，她对书的痴迷，父亲杨荫杭一直看在眼里。

他乐于看到自己的女儿从古人的智慧中汲取养分。

杨绛每次回家，杨荫杭都会拿出自己珍藏的书籍与她分享，父女二人，因此而更加亲密。他们如同相识多年的老友，一起修补破损的旧书，一起给书籍整理分类，一起毫无拘束地切磋交流，这样的父女情意，着实羡煞旁人！

有一个词，让无数人无奈不已，那便是代沟。对此，梁实秋先生这样写道："自从人有老少之分，老一代与少一代之间就有一道沟，可能是难以飞渡的深沟天堑，也可能是一步迈过的小渎阴沟，总之是其间有个界限。沟这边的人看沟那边的人不顺眼，沟那边的人看沟这边的人不像话，也许吹胡子瞪眼，也许拍桌子卷袖子，也许口出恶声，也许真的闹出个命案，看双方的气质和修养而定。"

父爱如山，高大巍峨，他是我们心中永远的男神。只是因为生活环境和人生阅历不同，每个人都有自己的思想、看法和见解，代沟便成了越不过的阻碍。

但是因为共同的兴趣，杨绛与父亲的关系如此亲近。或许，所谓的代沟，不过是缺少沟通，如果有一个共同的话题，凭着血浓于水的情意，又怎会有不可逾越的鸿沟？

对父母，对子女，如果多些理解，理解对方的爱好；如果多些交流，交流彼此的关爱；如果多些支持，支持对方的兴趣，代沟便成了小渎阴沟，一步便可迈过。

青春岁月里，满满都是回忆。是谁指引了青春，父母、朋友还是书中的智慧？或许，青春只把握在自己的手里，只要无愧于静好时光，便是对青春最好的回报。

流年似水，不要在错过之后才懂得珍惜，把握好青春的小幸福吧，留住这段来之不易的快乐时光。

「 第三节 」

走好选择的路，别选择好走的路

漫漫红尘，有无数条宽广大道，也有无数个分岔路口。行在人生路上，你我都是旅途中的过客，面对各种各样的选择，来去匆匆。

泰戈尔说：“我不能选择那最好的，是那最好的选择了我。”形形色色的选择，勾勒出独一无二的生命轨迹，只是很多时候，选择并不是非黑即白的悖论，我们会纠结、会后悔，却无法重新来过。

选择从来不是一件能轻易完成的事情。杨绛先生百岁之时感慨道：走好选择的路，别选择好走的路，你才能拥有真正的自己。是的，在选择的当口，你可能犹豫徘徊，那就勇往直前吧，走好选择的路，找寻真实的人生。

大学时光总是美好的，各种各样的活动，飘着书香的图书馆，杨绛的每一天都过得充实而丰富。秋冬春夏，转眼便是一年，她成了大二的学生，开始面临人生的一次重大抉择——分科。

每个人都经历过文理科的选择，学文还是学理，往往都要经过一番激烈的思想斗争，甚至还要与家人、老师“抗争”。别人都说，选择比努力重要，只有选对了方向，努力才会更有意义。

对于专业的选择，杨绛也是踌躇不定的，她不偏科，文理发展均衡，选专业自然也多了几分犹豫。当然老师似乎都偏爱理科，他们认为杨季康既然有条件读理科，那读理科会更有出路，杨绛不置可否，回家征询父亲：“我该学什么呢？”

父亲回答说：“没有什么该不该，最喜欢什么，就学什么。喜欢的就是性之所近，就是自己最相宜的。”

只一句话，杨绛豁然开朗。是的，喜欢什么，就学什么，喜欢的，就是最相宜的，这个智慧的男人，总能给她哲理般的指引。

她喜欢文学，喜欢读各种各样的书籍，自然是毫无悬念地倾向了文科。只是，东吴大学并没有文学专业，她可以选择的只有政治和法律预科，这两个专业虽然同为文科，与文学专业却是大相径庭的。

她打算选法律预科，因为这样便能做父亲的帮手，为他分忧。另外，成为律师后，她会同社会上形形色色的人物打交道，这样便能积累大量小说素材。她想得很好，只是当她将自己的想法告诉家人时，她没想到一向开明的父亲这次却坚决反对。

浸泡律师行业多年的杨荫杭，见惯了太多的尔虞我诈。一个个陷阱，一次次倾轧，他早已看清这个动荡黑暗的复杂社会，又怎会眼睁睁地看着自己捧在手心的女儿，跳入这危机四伏的旋涡之中？

这一次，他说了许多，虽然不谙世事的杨绛并不能完全理解父亲口中的明枪暗箭，但懂事如她，自然明白父亲的思量完完全全是为了自己好，于是她放弃了法律预科，转入政治系学习。

但是，对文学情有独钟的杨绛，实在对政治的晦涩提不起兴趣。所以，她只是在课堂上用功，课余时间通通消磨在了图书馆，读小说、学英语、学法语，她甚至还列出了自学的课表。

学习的生活总是单纯而美好，在东吴大学的第三个年头，母校振华女中的校长季玉帮她申请到了美国韦尔斯利女子大学的奖学金，她因此获得了出国深造的机会。

又一个分岔路口，又一次选择。这一次，杨绛没有太过兴奋，也没有太过纠结，经过大二的分科，她已经能够平和地面对一次次的选择。那个年代，出国留学是件风光的事儿，更别提去的是美国，还拿到了奖学金！她回了家，将一切告诉了父母。

那时，她还没有决定到底要不要去美国的这所学校，所以想征求父母的意见。而她这对开明的父母，也没有表现出过分的激动或忧虑，他们只是如往常那般说道："如果愿意，可以去。"

人生需要自己把握、自己负责，所以他们将决定权交给了杨绛自己，让她去选择自己的未来。另外，为了让她的选择没有后顾之忧，父亲杨荫杭还表示，如果她决定去美国，他会进行全力资助。

杨荫杭留过洋，所以对国外的生活有着亲身的体会。杨绛刚上大学的时候，他说过这样一段话："只有咱们中国的文明，才有'清贫'之称。外国人不懂什么'清贫'，穷人就是下等人，就是坏人。要赚外国人的钱，得受尽他们的欺侮。"

或许，他的言语之间存在一些偏见，但不可否认，这就是他眼中的外国人，在那时的西方国家，歧视是真真切切存在的。

问过父母后，杨绛思量了许久，最终决定放弃这个机会，因为她不忍再给家里平添负担。她知道，美国的花费是极高的，虽然自已拿到了奖学金，但还有往返的路费、日常的生活费，几年下来，这些费用不会是一个小数目。

长长短短的岁月，总是惹人叹息，曾经她只是窝在父母身边的懵懂小姑娘，如今却成了亭亭玉立的大学生，面临着关乎命运的一次又一次选择，心细如丝的杨绛发现，随着自己的成长，父母也在慢慢苍老，竟已到了知天命的年纪。

故人笑比中庭树，一日秋风一日疏，时间最是无情，看着惹了皱纹、染上风霜的父母，你是否也会希望时间走得慢一些，再慢一些？

那天，父亲杨荫杭这样问她："你说一个人有退休的时候吗？我现在想通了，想退就退，不必等哪年哪月。"听到这里，她只觉得眼眶一热，心里流动着不可言说的忧伤，那一刻，她知道父亲老了，有高血压，会头昏，不再是曾经意气风发的模样。

原来，自己的每一分成长，承载的都是父母的似水年华，她开始思考，怎样才能让他们不再如此操劳。

你是从哪一刻开始发现父母的苍老，又是从哪一刻开始体恤他们的辛劳的？深深的话要浅浅地说，长长的路要慢慢地走，正是从那一刻起，你开始思量孝顺的心意。

正是因着这份孝顺心意，杨绛便不会去留学，更何况，当时她并没有出国的打算。她大大咧咧地想，父亲就是留学归来的，系里的许多老师也都是留过洋的，留学生有什么稀奇的，我为何要花家里的血汗钱去国外学自己并不感冒的政治学！

这是她的真实想法，还是宽慰自己的借口，大抵连她自己都是糊涂的吧。当时，她就是这样想的，与其花大价钱去国外攻读自己不喜欢的专业，还不如去国内的一流学府，念自己痴迷的文学专业呢！

是的，她还没有忘记曾经的清华梦。这一次，她放弃了去美国留学的机会，却更加坚定了考入清华研究院的想法，她要去那里圆自己的文学梦。

充斥着不安因子的浮躁世事，总爱惊扰平静的生活。那年，杨绛大四，一些学生为了让政府接受东吴大学，为了让这所教会大学挂上国立的招牌，开始闹起了学潮。顿时，纯粹美好的校园时光，被无厘头的喧嚣打破。

其实，学潮刚开始时，并没有几个人参加，大多数的同学不过是围观看热闹。只是，在某些组织的刻意煽风点火下，事情开始变得一发不可收拾，校门封了，电话线掐了，图书馆也进不去了，连上课都没有办法正常进行了，整个学校陷入了瘫痪的状态。

霎时间，狂澜起，骚动和不安笼罩着校园。国民政府为了尽快平息事态，派遣大批警卫驻守学校周边，不准任何人随意进出。

生活总有万千境遇，我们无从选择。到了杨绛毕业的时候，停课依旧，杨绛无奈之下便和同学们商量着去燕京大学借读，家里人也同意了她的决定。当时，她、周芬和其他三个男同学结伴去了燕大参加考试，而且五人全数通过，只是最终杨绛去了清华，并没有留在燕大。

就这样，她的清华梦算是圆了。或许，冥冥之中，一切都已注定。时隔四年，她注定要走进当年没有向她敞开大门的学校，注定要在那里邂逅一见钟情的他。后来，母亲唐须荌开玩笑地说："阿季脚上拴着月下老人的红丝呢，所以心心念念只想考清华。"

许多年后，繁华落尽，铅华未现，行在人生路上的百岁老人写下这样一段文字：

我们曾渴望命运的波澜，到最后才发现，人生最曼妙的风景，竟是内心的淡定与从容；我们曾期盼外界的认可，到最后才知道，世界是自己的，与他人毫无关系；我们曾计较付出的回报，到最后才懂得，一切得到终将失去，只能空留一抹浮名。走好选择的路，别选择好走的路，你才能拥有真正的自己。

年轻的我们，总有用不完的激情。走在人生旅途，精力充沛的我们不住地向前，不住地追寻，想要拥有波澜壮阔的命运，却忘了问问自己，远方到底有多远，最曼妙的人生风景，在远方，还是在心底？

多少人期盼得到外界的认可，多少人在别人的指指点点中，忘了自己最真实的模样。走在时间的洪流中，我们早已不是幼稚的小孩，却无法不在意别人的目光。

人活一辈子，谁也逃不过“死亡”二字，那些追寻的，那些得到的，终将失散在人海。既然如此，何必在意那些无关紧要的人，世界是自己的，与他人毫无关系，走自己的路，让别人说去吧！

有人说，人生就像是一道多项选择题，困扰你的，往往是众多的选择项，而不是题目本身。是的，站在一个个分岔路口，我们的每一次选择，一定不是偶然，也一定不是抛硬币的正反面概率，或许，你无意间的一个抉择，影响的是一生的命运。

如果杨绛没有学文科，又或者她去了美国，那么她还会是我们喜欢的那个先生吗？还会遇到那个相携一生的才子吗？有时候，一个选择，便是一生，我们不知道未来如何，只能做出正确的选择，走好选择的路，拥有真正的自己。

只是，何为正确？何为错误？世间没有轻易的事情，正确的定义并不是简单的一成不变，人生这道选择题，并没有绝对的参考答案。

走好选择的路，别选择好走的路。选择是关于未来的赌注，聪明的女子无论如何抉择，都能修篱种菊，遇见生命中最好的风景。

「第四节」

越温柔的女人越坚强

生活，缓缓如夏日流水般前进，将身心安置在最好的状态，浅浅遇，淡淡忘，怀揣着安宁的时光向前，纵然一生云水漂泊，幸福亦在不远处。

时光轻浅，在东吴大学的日子，她的每一天都过得轻盈美丽。青山碧水，书香沉淀，真正的安宁，不是避开世间的车马喧嚣，而是内心有一个角落，给你坚强的力量。

剪一段流年，紧握一路相随的暖，她将平淡的日子梳理成最诗意的风景。心清则静，心静则清，在最美好的大学时光里，她不紧不慢，活出最美好的生活姿态。

杨绛是温柔的，也是坚强的，一如母亲。越温柔的女人越坚强，她的母亲是个温柔之人，用细腻的柔情照料着一家老小的生活；她的母亲也是个坚强之人，在伤心和绝望时迸发出惊人的力量。

生逢乱世，总有些不安稳搞得人心惶惶。那时，杨绛不过是六七岁的年纪，张勋复辟了，整个北京城一片混乱，尚在京都的杨荫杭为了家人的安危，带着他们仓皇躲避到外国朋友家中，除了杨绛的大姐和二姐。

当时，她们二人正在上海求学，虽然正值暑假，但无奈北京太乱，杨荫杭只得让她们回了无锡老家。岂料，想家心切的二姐，竟在学校感染了风寒，住进了医院。

母女连心，唐须荽得知消息后很是不安，当即乘船赶去上海，孤身一人，跋山涉水，这个看似柔弱的女子，因为母性而刚强无畏，她穿梭过大半个战乱的中国，只为了自己的二女儿。

只是，当她赶到时，一切都已来不及，她可怜的女儿已经目光涣散，直拉着她的手哭，哭碎了一片慈母心。不久后，唐须荽回到北京，带回了大女儿和一双哭坏了的眼睛。从此后，杨绛再也没有见过自己的二姐。

这便是温柔的女人，外表温婉优雅，内心坚韧强大。后来，杨绛的父亲生那场大病时，这个静极而美的女子，因为相濡以沫的丈夫而坚强，她衣不解带地照料，四处奔波寻医问药，是她的韧劲将杨荫杭从鬼门关上拉了回来。

在那个动荡的年代，世事浮躁，充斥着浓重的不安感。在东吴大学，杨绛被困学潮之时，也是这位刚强的母亲将女儿接了出来。当时，她并不知道学校的情况，依旧认为乖巧好学的女儿泡在图书馆里安心学习，直到有一天，振华女中的校长给她打电话，劝说她将杨绛接回家。

得知消息后，担忧的母亲顾不得通知丈夫，直接吩咐司机载她去东吴大学，见到杨绛安然无恙后才松了一口气。她已经失去了一个女儿，决计不会让其他的孩子有丝毫的闪失。

她随女儿回了寝室，并帮女儿收拾行李，可怜天下父母心，她实在不放心女儿继续生活在这乱成一团的学校里。当然，杨绛也是想离开的，这个温润的女子向来不喜车马喧嚣，只是那时，她还有一个人放不下，那便是自己的好朋友周芬。

这一次，温婉的杨绛因友谊而坚强！

有人说，学生时代的友谊是最纯、最真的。是的，在那最纯粹的岁月里，稚气未脱的我们还不懂什么叫复杂，以为朋友便是简单的相知相伴。

陪伴是一种力量，照亮夜空，遮风挡雨。这么多年，万里红尘涤尽岁月尘埃，或许，你会突然发现，最想念的那一个，竟然是大学时代朝夕相伴的好友。

缘分总是让志趣相投的人相聚，滋生出浓浓的情谊。在东吴大学，杨绛每日沉醉在浩瀚书海，正是这时，她结识了同样嗜书如命的周芬。周芬是医学系的，学习刻苦，生活朴素，还曾在苏州市的演讲比赛中获得了第一名。虽然境遇不同、专业不同，但两个品学兼优的人总能找到许多共同的话题，相谈甚欢。

就这样，两人渐渐熟络起来，并生出几分惺惺相惜之意。其实，她们的熟识，早在小时候便埋下了伏笔。那时，小杨绛还住在北京的四合院，周芬的母亲曾因工作的事情来找过她的姑母，来时手里牵着的小不点便是小周芬了，只是当时她们都还年幼，并没有足够的契机培养出深厚的友谊。

还好，一切都不算晚，在东吴大学，她们又重逢了。从此以后，她们成了形影不离的好朋友。

因为所修科目不同，她们自然不能一起上课，但是课下的时间，她们总是喜欢一起吃饭、读书、散步。杨绛身材小巧，周芬个子高挑，一高一矮，两人走在一起格外惹眼，但她们丝毫不以为意。

后来，杨绛干脆搬到了周芬的寝室，成了室友的两人关系更加亲密了。在外人面前，杨绛是害羞内敛的，常常话未出口脸先红。但是，在周芬面前，她却是个名副其实的捣蛋鬼，连吃馒头都能吃出自己的花样。

那时，杨绛赖床贪睡，早睡早起的周芬便会给她带馒头回来。一次，古灵精怪的杨绛悄悄把一小块馒头揉成了细长的一条，然后趁周芬不注意，丢在了她正在看的书上，直吓得周芬花容失色。

看着惊声尖叫的好友，杨绛笑作一团，只见她拾起书上的虫子，在周芬震惊的目光中，从容地吃到了嘴巴里。这时，周芬才知道这是她的恶作剧，直追着她打，两姐妹你追我赶，好不热闹。

闹累了，周芬便不再理会杨绛，坐在椅子上继续安静地看书。而捣蛋鬼也不再笑闹，尽情地享用起自己的早餐，一场没有硝烟的“战斗”便这样落下了帷幕。

许多女孩子会为了一些小事斤斤计较，但她们不会，两个大度之人并不计较谁吃亏，自然不会争吵不休。

另外，两人还有一个共同的爱好，那便是音乐。杨绛擅长吹箫，周芬则喜欢吹笙，再加上杨绛的另一个好友沈淑姊会吹箫，三人经常凑在一起演奏。

音乐是有魔力的，让三个少女的心愈贴愈紧。空旷的操场上，三个青春洋溢的女孩，用音符奏响时代的序曲，这样的画面，格外动人！

心灵相犀，她们是一辈子的好友，所以杨绛自然不会留周芬一个人在学校，左思右想后，她决定先让母亲将行李带走，然后两人趁下午四点后的校门口自由活动时间偷偷溜出去。

那天，她们先在校门口的小吃摊边徘徊了一阵，当警卫有些放松时，便乘机离开了学校。后来，有的同学看她们如此轻松地逃离了混乱的旋涡，也动了想走的心事，商量起撤退的路线，只是他们没有这般幸运，走了一半便被抓了回去，好不狼狈！

越温柔的女子越坚强，越坚强的女子越幸运，命运喜欢眷顾这样的人，待她们自然也宽厚些。

外柔内刚是一个女人最好的性格。每个女人都有一个灰姑娘的梦想，但真正的女主角，是包裹着梦想与希望的珍珠，在看似平淡的角落低调地生活，不管飘落多少浮尘，只要风轻轻地吹过，便能露出温柔而坚强的光芒。

是的，童话故事里的灰姑娘应该是水一般的温润女子，既温柔又坚强，懂得用爱关怀家人，懂得温柔地对待每一个人，一如杨绛。

你当温柔，亦有力量。

越温柔的女子越坚强，当她们身陷困境或是面临不幸时，那柔软的身躯会变得坚韧无比。她们不抱怨、不退缩，坚定的眼神让人无法轻视亵渎。

提到杨绛的坚强，便不得不提起那场扭曲的噩梦。她进过牛棚，也曾下过乡，但这个柔弱的女子颇有随遇而安的心态，甚至还有闲情苦中作乐，与已是丈夫的钱钟书一起漫步田园，赏乡间静谧……

“文革”结束后，天下文人得以平反，不少学者写下满纸控诉，但她没有，她只是用轻松的笔调将自己下放干校的这段日子记录下来，并仿照“浮生六记”的名字，将这段故事命名为《干校六记》。

她将故事分成六章，分别是“下放别记”“凿井记劳”“学圃记闲”“‘小趋’记情”“冒险记幸”“误传记妄”，一眼望去，满是云淡风轻、气定神闲，完全没有记忆中的沉重与伤痛。

温柔的女子不会苦大仇深地去控诉什么，她可以用调侃的态度去面对堆积的苦难。在《干校六记》中，她用质朴和诙谐并存的语调倾诉着自己的经历和见闻，却在出其不意间渗透进读者的心灵，让人对其间承载的情感久久不能释怀。

曾有人如是评价说："杨绛的散文平淡、从容而又回味无穷。可谓'不着一字，尽得风流'。"是的，她的《干校六记》在社会上引起了巨大反响，那一个个真实感人的故事，唤起了一代人的共同记忆。后来，这本书获得了"新时期全国优秀散文奖"，并在共同获奖的24部作品中名列第一。

且思且行，经历让人成长，这个温润如玉的姑娘，用细腻的情怀拥抱人生，用温柔的坚强面对世事，无论未来如何跌宕起伏，她只愿与这个世界温柔相待。

第三章

最牢固的感情，大都势均力敌

「 第一节 」

拒万般诱惑，只为赢得一人之心

如果说，亲情是人生最温暖的必然，爱情便是人生最美丽的意外。因为许许多多的不可估量，因为千千万万的难以预计，在对待爱情的选择和态度上，最可瞥见一个人的智慧。

花样年华里，每个女人心中都刻有爱情的图腾，杨绛也不例外。虽不曾品尝过其中滋味，但是书本中领略过的心有灵犀、举案齐眉，也是她内心最深切的期待。不过，与很多为了恋爱而恋爱的少女不同，她没有将懵懂的青春胡乱投递在任何一个人身上，而是守着这份纯净的期待，静静等待那个对的人。

性格虽不张扬，但杨绛的异性缘格外好。初入大学校园，宿舍的同学们曾经如此总结：“杨季康具备男生追求女生的五大条件：一是相貌好，二是年纪小，三是功课好，四是身体健康，五是家境好。”当时杨绛并未睡熟，听见了这番议论，但也装作没听见，继续假寐。

其实，杨绛并不赞同这样的分析。爱情哪里可以分出这些个条件，仿佛是可以计算的数学题。幸福源于参差多态，每个人都该有不同的爱情嗅觉，而不是硬生生总结出无聊的标准，套在别人身上。

另外，杨绛没有自恋情结，她从不自以为是，觉得自己是美女，也不刻意经营容貌。她认为，精心描画出来的一张脸，缺少了真实，也丧失了灵动，反倒像一张面具，隔在两人中间，徒增陌生感，从而拉开了距离。

事实上，杨绛的这种自然和率真，反倒让她平添了一分可爱。大家都认为她是个讨喜的女孩，当年还是小娃娃时，便有苏州太太夸奖："哎哟，花色好得来。阿有人家哉。"

女校上学时，她性格极其羞涩，跟男同学很少接触，于是有人写诗道："最是看君倚淑姊，鬓丝初乱颊初红。"诗中写的正是杨绛与闺中密友淑姊。

女人生得美，便容易恃宠而骄，于是美丽变成了皮相，人便显得浅薄。红颜易老，当有朝一日皱纹初现，人生哪里还有什么值得骄傲的资本呢。

孩童时，容貌是天生而来，是父母赐予的。而年纪渐长，一个人的气质以及给人的感受，已然夹杂了她的品性、内涵、脾气、心情，甚至她的社交生活与身体健康状况。

杨绛气质出众，只是对此淡然。多年以后，有人要为钱钟书写传记，她特意写信过去强调："我绝非美女，一中年妇女，夏志清见过我，不信去问他。情人眼里则是另外一回事。"

杨绛小心安放着自己的爱情密码，等待那个命中注定的他。不过据说读书时，她的追求者众多，如孔门弟子一样，有七十二人。她时常接到示爱的信件，不过每次都是平静相对，回信也大抵是：

年纪还小，当认真读书，先不要随意交朋友之类。

在对爱情蠢蠢欲动的年纪里，总有些难以抗拒的诱惑。每一颗年轻的心，都向往着激情，向往着打破常规，向往着来自另一双眼睛的关注与温存。杨绛对追求者们理智地予以拒绝，并不简单。她不将爱情看做游戏，并且深深了解自己的心意，所以能够不逞一时冲动，可以静待真命天子。

都说缘分天注定，杨绛捧着一颗虔诚的心，经历了漫长的等待，终于感受到了月老轻轻牵动的那根红线。

那一年，杨绛与几个同学一起到燕京大学参加入学资格考试，结束后，同学孙令衔要去清华大学看望表兄，而杨绛恰巧也要去看望老朋友蒋恩钿，于是两人结伴同行，到了校园后才各自分开。

杨绛与蒋恩钿相见甚欢，得知杨绛要去燕京大学求学，蒋恩钿忙问为何不来清华大学，接着又将清华大学的概况热心地介绍给她。杨绛对这里也生出了好感，心中有所动摇。

过了一会儿，孙令衔带着表兄过来了，见面后轻描淡写地介绍了一下："这位是杨季康，这是我的表兄钱钟书。"

这次相遇，实在很平常，与很多电光火石的爱情相比，显得波澜不惊。

不过，人与人之间的吸引力，已经在这寻常场景中迅速萌发了出来。就在这短短的一瞬间，他们都在对方身上嗅出了爱情的味道，找到了心灵的归属感。

选择钱钟书并非仅仅依赖第一眼的眼缘，在这之前的很长一段时间里，杨绛已经对这位才子的才华有所耳闻。往日里对他才华的钦慕，再加上见面后"蔚然而深秀"的感受，让杨绛确定了自己的心意。

事后，两人都向孙令衔打听对方的状况，但得到的结论却是，杨绛有了男朋友，钱钟书已经订婚。

幸好，信息的不对等并没有让这对文坛上的伉俪擦肩而过。再见面，钱钟书的第一句话是“我没有订婚”，杨绛的第一句话是“我没有男朋友”。

就是这样的简单直接，成就了这段可遇不可求的姻缘。很多时候，人们渴望跌宕起伏的爱情，在生活的魔方里变幻出几许人生的喟叹。却常常忘记了，感情不必纠结，幸福不必纷乱，能够正确地审视自己，目光坚定，脚步踏实，让那一心等待、一个眼神、一丝牵挂，指引心灵的翅膀，飞向最温暖的围城。

与其疲惫，与其纠缠，与其疼痛，倒不如让爱情变得简单暖心。只是，这不仅仅是一种选择，亦是一种能力。

「 第二节 」

不要轰轰烈烈，只要安安心心

缘分是一种玄妙的东西，让不同世界的两个人相遇、相知、相爱、相守。民间说：“有的时候，人和人的缘分，一面就足够了，因为他就是你前世的人。”一见倾心，一见钟情，他遇见了她，平淡岁月瞬间变得缤纷斑斓。

无论多么传奇的女子，都逃不出爱情的牢，无论是孤傲如梅的张爱玲，还是人淡如菊的杨绛。自年幼开始，她便见惯了父母相濡以沫的深情，也渴望能这般平淡心安。在她心底，一辈子的爱人，并不是轰轰烈烈的海枯石烂，而是安安心心地持久陪伴。平平淡淡才是真，人生的意义便深深蕴含在平凡生活之间。

有人曾经问过杨绛，当年对钱钟书是不是一见钟情，她回答说：“人世间也许有一见倾心之事，但我无从经历。”

最是那娇羞的一抹蓝。在清华，钱钟书是口耳相传的鼎鼎人物，即便是新入学的学生，也都听说了这位江南才子的赫赫大名，但是自古才子多傲气，在未相见前，钱钟书不免在杨绛心中添上了神秘的色彩。

然后，他们相遇了，命定的恋人终将相遇，在阳光明媚的三月天。那时，幽香阵阵，风光旖旎，他款款来到她的面前，褪去神秘之色，一点也不“翩翩”。

那天，他身穿青布大褂，脚蹬毛布底鞋，还戴着老式大眼镜，朴素如寻常男子。只是，爱情不在于简单的翩翩与否，只一眼，她怦然心动，他成了她最翩跹的依恋。

后来，他们的女儿阿圆也这样问过钱钟书：“爸爸，咱俩最哥们儿了，你倒说说，你是个近视眼，怎么一眼相中妈妈的？”他说：“我觉得你妈妈与众不同。”

是的，她是与众不同的。记忆中的那天，她清雅脱俗、脸若春花、娇小玲珑、温婉聪慧，举手投足间还带着娇俏可爱的活泼劲儿，这样的人儿怎能不爱呢？另外，他还专门写了一首诗，纪念初识的光景：

颉眼容光忆见初，
蔷薇新瓣浸醍醐。
不知腼洗儿时面，
曾取红花和雪无。

感觉到了，爱情也到了。当时年少轻薄衫，他们一见如故，聊得欢快，因着对文学的共同追求，因着心灵的默契和性格的浸润，两个惺惺相惜的年轻人，醉在盎然春意间。

他们相爱了，水到渠成，自然而然。在清华大学的日子，文学为两人架起爱的桥梁，他们一起学习，一起徜徉书海，一起沟通心灵，相识相知的两个人，总能在不经意的微笑间，收获满心的安宁。

这便是他们的爱情，虽然没有荡气回肠的抵死缠绵，却自有一番沁人心脾的美妙。心语微澜，爱情是一场甜蜜的心事，杨绛与钱钟书，用细水长流的默契，将刹那定格成永远。

不要轰轰烈烈，只要安安心心，这是成熟的爱情。有人说，爱情百转千回，万般模样，最自然舒适的状态便是安心，细水长流。在我心里，最浪漫的故事不是惊心动魄的《泰坦尼克号》，而是甜蜜又心碎的《麦琪的礼物》。

他们只是世间最平凡的夫妻，贫穷却相亲相爱。平凡的丈夫为了给妻子买一套发梳，卖掉了祖传的金表；而平凡的妻子为了给丈夫买一条白金表链，却卖掉了自己的一头秀发。最后，彼此的礼物都失去了使用价值，但他们却从中获得了比礼物更真挚的爱。

你的爱情是什么模样，无论如何，最终都会回归心底的安然。两个人在一起，总要有自己的相处模式，这就是生活。

有人曾经问我，两个人在一起，是不是最怕时间和距离？当时，我只是笑了笑，没有回答。其实，只要心在一起，安安心心，无论经过多少时间，无论距离多远，都不是什么大的挑战。亲爱的朋友，或许你已经悟出这番道理，或许你会从杨绛的故事中寻觅到不凡。

杨绛和钱钟书也有分开的时候。当时，钱钟书从清华大学外文系毕业了，独自前往上海光华大学任教，而杨绛，她的研究生生涯刚刚开始，离别就这样“赤裸裸”地来了。

时光总是在不知不觉间走得飞快，他们曾一起在校园里丈量岁月，如今却要分隔两地，想来不免多了淡淡的忧伤。

离别总是伤感的。一曲离别胭脂泪，残雪断桥人未归，钱钟书走了，挥别承载四年时光的清华园，挥别相爱相知的姑娘，奔赴下一段精彩人生。乍离别，两人便陷入了思念的旋涡。

其实不是不懂，古人那句“两情若是久长时，又岂在朝朝暮暮”还是有几分道理的，只奈何管不住自己的心。那个悲情的南唐后主如是吟叹，“多情自古伤离别，更那堪，冷落清秋节！”是啊，分离总是伤感的，风起处，满眼惆怅……

还好，有一种信笺叫情书，鸿雁纷飞，字语传情，付诸文字的满满思念，可以镌刻细水长流的永远。最美的故事莫过初恋，最美的画面莫过初见，最美的文字莫过情书，杨绛与钱钟书，他们是最美的初恋，有着最美的初见，自然也有着最美的情书。

有一次，钱父看见了杨绛写给钱钟书的情书，便私自拆阅了。这个庄重严肃的封建家庭老先生，或许有着不同寻常的敏锐度，于是他发现了儿子的恋爱心事。

只是，看过信后，这个颇为古板的老先生，并未因儿子的自由恋爱而大发雷霆，相反，他对这个署名杨季康的小姑娘大加赞扬。原来，在他私自打开的信笺里，杨绛是这样写的：“现在吾两人快乐无用，须两家父母兄弟皆大欢喜，吾两人之快乐乃彻始终不受障碍。”

是的，长久的爱情不只是两个人的事，更加关系到两个家庭。杨绛这样善解人意的懂事言语，自然颇得钱老先生的欢心，直惹得他连连称赞，“真是聪明人语”。她是贤惠懂事的女子，聪颖大方，不仅孝顺家人，还能体恤钱钟书的父母，自然是讨人喜欢的。

高兴之际，钱父直接给素未谋面的杨绛去了信，大大夸赞了她一番。另外，在信的末尾处，他还把儿子钱钟书郑重其事地托付给她，这个固执的老人已然认定，杨季康便是他未过门的儿媳。

后来，杨绛也将钱钟书介绍给了自己的父亲杨荫杭。那时，杨荫杭对这个才华横溢的清华才子有所耳闻，并且很是赏识，自然也是喜欢的。就这样，才子佳人的亲事，正式提上了台面。

钱家、杨家，虽然一新一旧，但都是无锡有名的书香门第，钱父基博、杨父荫杭，虽然素不相识，但皆是颇有名气的才子大家，他们二人，真可谓门当户对，两家人自然乐得玉成一段好姻缘。

父母之命，媒妁之言，旧时的婚姻最讲究这个，虽然杨绛和钱钟书是自由恋爱，但为了家里人，两人还是颠颠倒倒地遵循了订婚之礼。杨绛如是说："五十、六十年代的青年，或许不知'订婚'为何事。他们'谈恋爱'或'搞对象'到双方同心同意，就是'肯定了'。我们那时候，结婚之前还多一道'订婚'礼。"

在她的眼里，这场订婚是滑稽的。明明早就相识相爱的两个人，明明已经得到双方家长的认可，为何偏偏还要请两家都熟识的亲友做媒，为何还要折腾钱父来苏州正式上门求亲？虽然满腹叹息，但乖巧的杨绛还是在仪式上露出得体的微笑。

当时，她的父亲正病着，于是众人主张诸事从简，但所谓的从简，依旧颇为隆重，不仅摆了酒席宴请两家的至亲好友，还要男女分席而坐，她如是回忆说，"我茫然全不记得'订'是怎么'订'的，只知道从此我是默认的'未婚妻'了"。

一番觥筹交错的忙碌后，他们订了婚，许下承诺，从此后，她便是他名副其实的未婚妻。只是，刚刚订了婚的一双人，还没有来得及说几句体己的温存情话，分离便又结结实实地来了。

开学在即，杨绛只得北上赴京，在送别的站台上，钱钟书帮她把行李绑牢，然后看着她转身上车。轰隆隆的汽笛声响起，车内车外的两人相视沉默，无语凝噎，千言万语只化做一句"珍重"，哽在喉头！

缠绵悱恻好文章，粉恋香凄足断肠。
答报情痴无别物，辛酸一把泪千行。

依穰小妹剧关心，髾瓣多情一往深。
别后经时无只字，居然惜墨抵兼金。

良宵苦被睡相谩，猎猎风声测测寒。
如此星辰如此月，与谁指点与谁看？

困人节气奈何天，泥煞衾函梦不圆。
苦雨泼寒宵似水，百虫声里怯孤眠。

海客谈瀛路渺漫，罡风弱水到应难。
巫山已似神山远，青鸟殷勤枉探看。

这是钱钟书写给杨绛的情诗《壬申年秋杪杂诗》，刊登于《国风半月刊》，字里行间皆是浓浓的思念。

组诗的开头，他这样写道："远道栖迟，深秋寥落；然据梧，悲哉为气；抚序增喟，即事漫与；略不诠次，随得随书，聊致言叹不足之意。"原来，他是如此牵挂她，寥落深秋，更深露重，回忆猝不及防地跑了出来，吐出思念的茧，将心细细缠绕。

最美是相思。在那些被静谧包裹的深蓝夜色里，如水的思绪划过琴弦，不经意便泄了一地，那层层叠叠的回忆，那真真切切的思念，在笔尖开出绝艳的花朵。

诚然，他是才子，经过爱情的滋润后，他成了多情的才子。思念是一种很玄的东西，如影随形，在浓重的思念里，他文思飞扬，将真挚的情感注入华美的文字间，挥洒厚重的情意。

这世间，多少伟大的爱情，败给了时间，败给了距离，但他们没有。情不醉人人自醉，所谓离别，不是停止，而是思念的蔓延，在那些无处安放的思念中，他成了她挥之不去的爱，她成了他割舍不下的情，他们爱到了骨子里。

分分合合，聚少离多，分手的理由成千上万，归根究底，不过是两个原因，不爱了或爱不够多。而他们，一直爱着，距离和时间自然成不了问题。

于千万人之中，遇见你所要遇见的人，于千万年之中，时间无涯的荒野里，没有早一步，也没有晚一步，刚巧赶上了，他便会成为你心里割舍不下的情意。无人不醉的美酒，无人不醉的爱情，就随着自己的心，醉倒在无垠时光里吧！

越是平凡的陪伴，越是长久；越是平淡的爱情，越是香醇。不要轰轰烈烈，只要安安心心，踩着他们的脚印，你会发现，守得住的才叫爱。

「 第三节 」

心有灵犀的默契与坚守

醉过才知酒浓，爱过才知情重。不知是谁说的，如果没有经历过刻骨铭心的爱情，便写不出打动人心的故事。创作源于生活，又高于生活。他的动人诗篇，因着那个可爱的人儿；她的本色小说，也有着才子所给的爱情滋味。

杨绛如是说："我不是专业作家，文集里的全部作品都是随遇而作。我只是一个业余作者。早年的几篇散文和小说，是我在清华上学时课堂上的作业，或在牛津进修时的读书偶得。"

他们是爱人，亦是知音。虽然杨绛没有钱钟书那般纵横不羁的才气，但她是属于生活的，更加贴近生活本身。她的玲珑纤巧，她的书卷气息，是绿檀照得见人影的澄澈晶莹。

在朱自清的散文习作课上，她创作了自己的短篇小说《路路，不用愁！》。这是她的处女小说，经过朱先生的推荐，发表在《大公报·文艺副刊》上，后来一代才女林徽因又将其选入《大公报丛刊小说选》。

这是她文学生涯的第一步。

这篇小说取材于当时女大学生司空见惯的情事，杨绛先生用简洁沉稳的语言将故事娓娓道来，赋予本色的朴素美感。这便是她的小说，平淡简单，却蕴含着让人唏嘘的力量。

路路是初涉生活的女大学生，单纯美好，对爱情有着美好的憧憬，只是在那天真烂漫的花季，总有些世俗而残酷的选择埋藏在理想与现实间，她纠结了，在两个同样属于爱情的男孩子中间。

两个男孩子，一个叫小王，一个叫汤宓。小王家境好，脾气好，体贴又能干，只是个子有些矮，有着“娘带儿子”的可怜相；而汤宓却正好相反，不仅家里穷，脾气还很大。

路路是喜欢汤宓的，因为这份喜欢，他的粗暴脾气也变得可爱了。青葱岁月，女生的爱情总是羞涩的，她的喜欢也是又怕又爱，杨绛用轻描淡写的笔调，将她内心刻画得很是细腻：“路路最爱他的眼睛，会说话；也最怕他的眼睛，能放出冷刺来直刺到她的心上。”

在杨绛的笔下，路路是矜持的少女，婉拒着两个男孩子，却又纠结地放不下。只是，总是要选择的，两个人，两种生活，选了小王，舒适安逸，选了汤宓，磕磕绊绊，真是“愁死了”路路。

经过琐琐碎碎的心路曲折，路路左右思量，却依旧举棋不定，于是她回了南方老家，美其名曰：征求父母意见。她的父亲是做官的，说起来也算官宦之家，她的母亲更中意小王，因为她是官太太命，但她的父亲比较开明，只让她看清楚自己的心。

只是，她已经迷了眼，如何还能看得清？在母亲的劝说下，她选择了小王，并且答应母亲回去疏远汤宓。回校后，面对满心欢喜接她的汤宓，路路冷淡地拒绝了，只是看着他落寞离开的背影，她又满心的舍不得。

她叹了一口气，转身回了自己房间，没想到竟然看见了小王与表妹的订婚请柬！刹那间，她只觉得自己跌进了虚无缥缈的荒野，禁不住泪流满面。

一次次纠结之间，两个人都离她而去，原来爱情不会一直站在原地等待。只是，对于这个年纪的女孩子，杨绛终究不愿苛责太多，她给了路路一个不算太坏的结局——在订婚请柬的下面，躺着另外一封信，原来她的免费留美名额申请成功了，路路舒了一口气，轻轻地笑了。

杨绛有着细腻敏感的心，却从来不是尖酸刻薄之人。在小说里，她用诙谐的笔调，细致刻画了路路的内心波折，却又宽厚地原谅了她的可笑与可悲，这个善良的女子，用自己的仁慈给路路留下了余地。

有人说，路路的角色多多少少有着作者本人的影子。或许吧，年轻女子的心中都有火热的爱情，只是杨绛够坚定。在认识钱钟书之前，有个名叫费孝通的男子热烈地追求过她，但她义正词严地表态：只能做普通朋友。

文学反映现实，却终究不是现实，借用杨绛的话说，作家只是按照她所认识的世事常态，写出了她意识中的人生真相。

现实中，钱钟书并不是翩翩之人，但她的爱，不止于肤浅的容颜，怦然心动的刹那，她便认定了他。所以，在小说中，她只是用讽刺的口吻表达了自己对路路爱情态度的不认同，爱一人，许他一生，这才是人生真相。

一生一世一双人，钱钟书自然懂得她的心声，这是属于两人的默契。他自然懂得她字里行间的哲理，浓情不语，静水流深，他们的爱情，因为共同的文学爱好而更加美好。

许一个天长地久，让幸福延伸，这是杨绛想要的圆满爱情，也是世间万千女子想要的人生脉络。只是，人生总比理想来得现实，热恋还未退潮，杨绛便与钱钟书分隔两地，只能借回忆取暖。不过还好，他们心有灵犀的默契与坚守，让爱相守终老。

每个女人心中都有一场浪漫的婚礼，那是一辈子的记忆。嫩叶吞吐芳菲，霓虹流连人间，舒缓的乐曲醇厚香甜，在这最梦幻的时刻，最美的新娘驾着祥云降临，与含情脉脉的新郎刻下不离不弃的誓言……这是梦吗？或许不是，因为我们都期许从爱情走进婚姻。

杨绛和钱钟书的婚礼，可以说来得水到渠成。1935年春天，钱钟书报名参加了第三届中英庚款公费留学资格考试。这次考试名额有限，总共不过二十人，报名人数却有二百多，但钱钟书还是信心满满地报了名。这个意气风发的男子虽然身着布衣布袍，但满身光华丝毫未被西装革履的众人湮灭，最后他以绝对的优势位居榜首。

我们总是喜欢第一时间将好消息与挚爱的人分享，钱钟书也不例外。这个学富五车的大才子，迫不及待地给恋人去了信，将自己考取留学资格的消息告诉了她，并真切地表示想要与她一同前往。

收到钱钟书的信笺，杨绛打心眼里替他高兴，只是她放心不下他独自前往。她知道，他虽然才华横溢、悟性极高，但在烦琐的生活小事上，却“痴气”得紧，不仅衣服常常颠三倒四，连穿鞋有时也左右不分，因此闹出了不少笑话。

怎么能让这样的“马大哈”独自游学异乡呢？爱情至上，一年多的两地分隔，他们饱受思念的煎熬，如果时间和距离是考验爱情的筹码，三百多个日日夜夜也够了吧，这一次，她决定妇唱夫随，伴他留学。

与物质名誉相比，有的女子更看重爱人的相守相依，这样的女子皆是温柔的，通透练达。其实，如果真要相提并论，杨绛的才华是丝毫不亚于钱钟书的，但她愿意掩己锋芒，做爱人背后的英雄。

当时，杨绛还有一门课程没有参加考试，于是她便同任课老师商量，最后以论文形式代替。就这样，她提前一个月回了家，由于时间仓促，她还未来得及写信通知家人，便直接拎着行李箱登上了归家的客船。

出国在即，她和钱钟书还差一个盛大的婚礼。不知是谁说的，婚姻是爱情的坟墓，这样的话语未免太过悲哀，因为有太多的情侣甘愿携手走进围城，对他们来说，订婚只是形式，那张烫红的结婚证书才是一辈子的相知相守。

那年夏天，两家选了黄道吉日，不日成婚。那是旧历乙亥年六月十三日，无锡城七尺场的钱家新居，处处张灯结彩、披红挂绿。门当户对，珠联璧合，这是属于他们的婚礼，也是两家少有的盛事，自然是隆重非凡。

那天，锣鼓喧天，高朋满座，陈衍老先生来了，周芬和沈淑来了，连杨绛的三姑母也从苏州赶了过来。她这个素来不爱打扮的姑母，穿上了簇新的白夏布裙子，侉气十足，这个奇怪的女人，总有格格不入的作风让人大吃一惊。

在亲友的见证下，这对新人手挽着手缓缓入场。他身穿黑色礼服，她身披曳地婚纱，在这最神圣的时刻，他们是最美丽的新郎和新娘，这是他们的婚礼，一辈子只有一次的婚礼。只是不巧，属于他们的黄道吉日是夏天中最热的一天，他们的婚礼，滑稽而难忘：

“结婚穿黑色礼服、白硬领圈给汗水浸得又黄又软的那位新郎，不是别人，正是钱钟书自己。因为我们结婚的黄道吉日是一年里最热的日子。我们结婚照上，新人、伴娘、提花篮的女孩子、提纱的男孩子，一个个都像刚被警察拿获的扒手。”

或许，老天只是给他们开了一个小小的玩笑，玩笑让他们的婚礼与众不同。执子之手，与子偕老，在汗流浃背的日子里，他们眼里只有彼此，印下此生挈阔的承诺。缘定今生，从此后，他们就是被红线绑定的夫妻。

有人说，天赐良缘，上苍用热烈的温度表达了对他们的美好祝愿。是的，看着浅笑连连的贤惠儿媳，钱父基博很是高兴，特地将自己珍藏的古董铜猪符送给了她，寓意和和美美、如意吉祥。

愿倾尽天下，许你一生，花前月下之时的情话，都是此心昭昭可对日月的，只是相爱容易相守难，如何才能守住爱、守住婚姻呢？

后来，钱钟书用一句话概括自己的妻子：“绝无仅有的结合了各不相容的三者：妻子、情人、朋友。”是的，他们是夫妻，是亲人，更是朋友，他们的爱情，不仅有碧桃花下、新月如钩的浪漫，更有心有灵犀的默契与坚守，他们的深情，在岁月轮回中生生不息。

不管是往昔，还是如今，很多时候，“执子之手，与子偕老”只是一句美好的誓言，总是存在于有情人无法企及的地方。在现实面前，大多数人总是低下了高贵的头颅，或选择退却，或选择放手。如他们这样的神仙眷侣总是少数，于是在羡慕之余，便有人向他们讨问秘诀，怎样才能保证婚姻的质量和新鲜感？

其实，这样的问题不免浅薄，世上情人千千万，各有各的经历，各有各的不同，怎能一概而论？然而，杨先生还是给出了质朴的答案。原来，这世间的爱情，不只有轰轰烈烈，还有那心有灵犀的细水长流，生活不应谋划得太多，只有顺其自然的心灵相通，才是爱的箴言。

人生这趟旅途，爱是最美的风景，怀着虔诚的期待与渴望，守着心有灵犀的默契与坚守，才能让幸福更加坚定。

「第四节」

让吵架成为生活调味剂

有人说，检验两人是否合适，是否够缘分成为夫妻，需要来一次说走就走的旅行。所以，越来越多的夫妻会安排蜜月旅行，有些情侣甚至直接选择旅行结婚。

是的，这场风花雪月的旅程是必不可少的，并且为时不能太短。彼此依赖的两个人，在旅行中褪去往日的伪装，回归最真实的自己，这大抵就是所谓的“原形毕露”吧。如果经历了这样的旅行，依旧彼此喜欢的话，婚姻应该就不会沦为爱情的坟墓了。

那年炎夏，杨绛与钱钟书完婚，携手走进围城。他们是天造地设的一对，琴瑟和弦，鸾凤和鸣，见者无不欣羡。有人如是感慨道：“钱钟书、杨绛伉俪，可说是当代文学中的一双名剑。钱钟书如英气流动之雄剑，常常出匣自鸣，语惊天下；杨绛则如青光含藏之雌剑，大智若愚，不显刀刃。”

从一见钟情的相识相知，到珠联璧合的相爱相守，他们组成了简单温馨的家庭，过起幸福的围城生活。读书消得泼茶香，两人的小日子，处处都是文学气息。只是，这样的才子佳人，能否拥有契合美妙的新婚旅行？

是年七月，新婚燕尔的夫妇，挥别父母家邦，踏上遥远的留学之路。这是独属于他们的旅行，未知神秘，触及灵魂，或许，这就是爱的检验，两人选择从容相对。

由于时间仓促，这次的离别太过匆匆，杨绛甚至没有办法回苏州与父母话别，便直接从无锡出发，去上海搭船出国。此去经年，远行万里，在火车停靠苏州的月台时，这个恋家的孩子忽然间泪流满面。

原来，有一种思念，是还未离开，就满心眷恋。她恨不得冲下火车，再多看一眼父母那温暖的笑颜。

到了上海，他们在一众亲朋好友的簇拥下，依依不舍地登上了船舷。碧海蓝天骊歌起，站在甲板上，望着岸上不断挥舞着的双手，听着周遭交织着的悲伤告别，恍惚间，杨绛只觉离恨幽幽，泪水再次湿了眼眶。

起航的号角吹响，轮船慢慢驶向海天一线的江面。岸渐渐远了，人儿已朦胧不见，从此以后，只余两人相依为命。后来，杨绛在自己的散文中如是写道："一九三五年七月，钟书不足二十五岁，我二十四岁略欠几天，我们结了婚同到英国牛津求学。我们离家远出，不复在父母庇荫之下，都有点战战兢兢；但有两人作伴，可相依为命。"

还好，她的身边还有一个他。携手相伴的两个人，终究少了孤单，多了温存的暖意。

吹着微凉的海风，看日升日落、斗转星移。从上海去往英国的旅程是漫长的，也是枯燥乏味的，但这样的日子，最能将对方看得透彻，朝夕相伴的两个人，用幸福向世人宣告，天成的佳偶经得起一切考验。

他们总有说不够的话、聊不完的书，不知不觉便能消磨掉一整个午后，虽然海上风景单调，但相爱的两个人携手徜徉典籍之间，游历世间最动人的美景。

这就是他们旅行中的常态，后来也成了婚姻生活的相处之道。在那些相濡以沫的明媚时光里，两人最唯美的画面是这样的：一张堆满书籍的写字桌，两把简单的椅子，相对而坐的他们，静静看着手中的书籍，偶尔抬头时相视一笑，透出的全是宁静的美丽。

或许，这就是旅行的意义。在陌生的境遇下，如果彼此依赖的两个人能够经受住考验，自然也不会害怕生活的平淡。

毕淑敏说："每个人的心底，都潜藏着一个到远方的梦。熟悉的地方已经没有了惊喜，人动思动，渴望浪迹天涯。"他们携手相伴，一起去英国，只是那里有怎样的惊喜呢？暗蓝海上，海水欢快地泼溅人生，或许，那是个美丽的国度。

当然，他们也会憧憬着属于两人的未来，在这辽阔的大海上，他们的心是如此自由，思绪自然辽远无边……

犹记得，在清华的课堂上，叶公超先生曾半开玩笑地对钱钟书说："默存，你不应该进清华，你应该去牛津。"如今，他正坐在开往英国的轮船上，身边是深爱的妻，命运有着如此多的美丽巧合。

牛津极为静美，尘世一乐园……想到这里，钱钟书握紧了杨绛的手，相视而笑的两个人，眼睛里满是甜蜜。其实，只要两个人相依相守，身在何处又有什么关系？

当然，他们的旅程并不总是美好的，两人也会争吵，如寻常小夫妻那般。正如杨绛所说，他们正是一对寻常小夫妻，体味着人生的酸甜苦辣咸。

是的，无论多么才华横溢、心高气傲，在爱情面前，众生平等，他们只是滚滚红尘中惺惺相惜的寻常夫妻。这世上，哪有不吵架的夫妻，两个人一起过日子，总免不了磕磕绊绊。

又见晴朗，两人照旧躲在船上的咖啡店，聊些漫无边际的闲话，只是这一次，却有了些许口角。

事情的起因其实很简单，不过是一个法文“bon”的读音问题。杨绛开玩笑地说钱钟书的读音是乡村口音，好胜的大男人自然是不服的，于是便争辩了几句，一来一往间，他说了过激的话，杨绛也没有相让，小小的拌嘴便成了唇枪舌剑，谁也不服谁。

他们吵了半天，依旧没有结果，最后杨绛找来一个法国太太帮忙评断。这位太太认真听了钱钟书的读音后，认为确实存在口音问题。杨绛是对的，只是到了眼下，结果似乎没有那么重要了。

法国太太走了，两人相对而坐，一时无言。慢慢地，两人都从刚刚的激烈情绪中剥离出来，不免觉得咄咄逼人的自己很是好笑，不过是一个小小的口音问题，哪值得如此争论不休？

想到这里，他们的气早已烟消云散了，只是谁也拉不下脸，便一直枯坐着。午餐时间到了，饥肠辘辘的杨绛依旧没有动，不成想肚子却发出咕咕的声音，她的钟书偷偷地笑了，直接拉起她奔向餐厅。两人跑着，笑着，闹着，刚才的不愉快，自然而然地翻了篇。

在一段感情里，我们总有孩子气的时候，也有赌气的时候，这时不免口不择言，说出伤人的话来。往往，越是亲近的人，越容易刺伤对方，只是智慧的夫妻会让吵架变成生活的调剂品，吵过便过了，他们依旧是最亲最爱的家人。

夫妻一辈子，哪有不吵架的？有的人如他们一般，吵了就吵了，过去就过去了，然后吸取经验，以防后患，这时的矛盾，就如深井之水，越沉越清。只是，有的人却怎么也放不下，在无休止的争论间翻着旧账，这时的矛盾，一如井中之石，越积越多。

大多数的女人都是情绪化的动物，她们不善于隐藏情绪的波澜起伏，喜欢发泄内心的不满，因此很容易三言两语就吵起来。另外，她们还经常将对方不经意的行为剖析解读，无限放大，说到底，不过是想要了解自己的丈夫，想要他温柔体贴，一如恋爱伊始。

然而，大多数的男人却是粗线条的动物，他们不屑和女人进行家长里短的拉锯式争吵，这使他们厌倦，使他们精神崩溃。有时，他们甚至会怀疑，这个神经质的女人是不是当年可爱的她。

生活没有那么多的罗曼蒂克，当激情褪去，当生活回归平淡，当两个人都回归最本真的自己，你们是否还能在争吵之中，守住当时婚礼上的庄严承诺？

有人如是说，夫妻吵架要吵到过瘾，需要棋逢对手、旗鼓相当，要不吵起来乏味单调、不够痛快。是的，无论是激情愤慨的讨论，还是忍无可忍的即兴发挥，都需要有个愿意和你一直吵下去的人，杨绛和钱钟书，便是如此。

其实，夫妻相处之道，最重要的便是坦诚、包容和理解。在那些同甘共苦的岁月里，两人有爱有恨，有喜有悲，有感动也有矛盾，有珍惜也有取舍，在一定程度上，吵架也是一种沟通，有分寸的争吵可以增进夫妻感情，增强感情的黏度。

人非圣贤，孰能无过，只有相互妥协、相互体谅，才能走得长久。看世间有多少夫妻已经到了互相漠视的阶段，他们压根不想去改善彼此间的关系，自然也没有争吵的必要了。所以说，吵架是家庭生活的调味品，没有风浪，哪能体味到平静的韵味。

《射雕英雄传》中有一对神仙眷侣，男的聪明骄傲有才华，女的聪慧过人有性情，他们就是黄药师和阿衡，不相上下的两个人可谓心意相通，像极了杨绛和钱钟书，只是书中的故事并不圆满，现实中也不免磕磕绊绊。

其实，两人在热恋之时便有过一次大的矛盾。那时，杨绛刚刚结束清华的借读生活，钱钟书便建议她继续考取清华研究院，这样两人便可以继续同校两年。其间，他还提出要和她订婚，这个桀骜不驯的才子，当真是爱极了她。

当然，杨绛也是想要报考清华研究院的，但她拒绝了订婚，不是因为不够爱他，而是不想这般仓促。她委婉地对钱钟书说，自己正在准备清华研究院的考试，需要补齐四年的本科知识，订婚之事就暂且先放一放。

就这样，她回了苏州。当时，亲戚给她介绍了一份在小学当教员的工作，在她的印象里，这是份不错的工作，不仅每月有一百二十块的收入，还相对比较清闲，可以有很多时间用来补习。于是，她答应了，想要一边工作，一边准备考试。

只是，当她到学校开始工作的时候，才发现一切与自己料想的完全不同。因为她从来没有做过老师，所以有太多的东西不懂，一切都要从头学起，这无疑给她增加了不少压力。

因此，杨绛想把报考清华研究院的事情推后一年，却遭到了钱钟书的反对，一番争吵后，本就心情不好的杨绛，很长时间没搭理他。那段日子里，钱钟书以为她不想继续下去，伤心的才子辛酸泪一把，写下了无数伤情的诗句。

杨绛自然是没有分手的念头，从爱情悸动的那一刻起，她便认准了他，哪能那么容易就放弃呢？只是，最近的事情太多太杂，她需要时间理出个头绪。

事实上，虽然她没有给钟书写信，心里却很是惦念。在钱钟书坚持不懈的书信攻势下，她妥协了，也感动了，两人又恢复到从前的热恋状态。或许，感情在跌跌撞撞中方显稳固。

后来，杨绛如约考入清华研究院，并没有推后一年，再次相守的两个人，经过一番争吵的洗礼，更加珍惜彼此。

对于爱情，我们时常心怀猜忌。有人抱怨说，在这个物欲横流的时代，我们很难寻觅到童话故事里纯净的真爱。真是这样吗？生活总在别处，连杨绛和钱钟书这般的神仙眷侣都会吵吵闹闹，你又何苦太过悲天悯人。

至死不渝的爱情从来都不是传说，郎才女貌的圆满也从来不是无法企及的梦想，只要你依旧相信爱情。芸芸众生里，你一定会遇到那个让你心动的人，你会发现，与他相伴，连吵架都是生动的。

第四章

真正温暖的人，必然是有脊梁骨的

「 第一节 」

生活再不如意，也要学会自我慰藉

我曾经看到过这样一句歌词：无法忘记，出国时怀揣梦想，有谁知道，打拼的无奈彷徨，这里曾经是成家立业的地方，如今却渴望，倾诉思乡的衷肠。独在异乡为异客，无论是留学生，还是打拼者，都会经历一段孤立无援的岁月。

有人问，为什么来到异国他乡会有一种甩不掉的孤独？其实，生活不如意十之八九，更何况是身在远离亲人、朋友的陌生地方。在英国牛津，杨绛的生活也有各种波折起伏，但她乐观地说，即使生活再不如意，也要学会自我慰藉。

刚到牛津，她和钱钟书住进了一家被称为老金家的公寓，与两位单身房客同住，他们皆是来牛津访问的医学专家。当时，杨绛和钱钟书的房间是窗户临着花园的双人卧室，老金的妻子和女儿会帮忙收拾房间，还提供一日三餐和下午茶，他们完全不用为生活所累，有大把的时间从容享受琳琅满目的文学经典。

只是，与不懂得照顾自己的马大哈一起生活，她总有操不完的心。刚到牛津，马大哈便上演了一出好戏，吻了牛津的地，磕掉了大半个门牙，当他用大手绢捂着嘴回到家时，杨绛吓了一大跳："手绢上全是鲜血，抖开手绢，落下半枚断牙，满口鲜血。我急得不知怎样能把断牙续上。幸同寓都是医生。他们教我陪钟书赶快找牙医，拔去断牙，然后再镶假牙。"

在自己的国家，两人皆是被亲情簇拥长大的人，身边总是不乏亲人朋友照料，许多生活上的琐事并没有经手过，因此手足无措也是情有可原的。最终，一场带血的闹剧以假牙收场，或许，这对于钱钟书来说，正是一次血的教训。

时光，流逝着，岁月，沉淀着，他们在牛津的日子慢慢步入正轨。只是，两人一间的卧室供日常起居总是太小，他们没有书房，也没有起居室，来来往往总不免有些不方便，公用的浴室厕所也偶遇尴尬。另外，老金家的伙食也越来越糟，这对饮食保守的钱钟书来说，很是折磨。

钱钟书受不了干酪、西餐一类的洋味儿，于是杨绛便把他能吃的通通省下来给他，但她依然觉得他填不饱肚子。看着丈夫面黄肌瘦的模样，杨绛很是心疼，便张罗起搬家的事儿，但她并没有同埋头学业的丈夫商量，只是一个人偷偷地找起了房子。

根据报纸上的招租启事，她去看了好几处房子，但都不是很满意，不是地方太过偏远，就是预算不够。有一天，她忽然想起曾经在牛津大学附近看到过一座三层洋楼上贴着招租启事，于是便决定再去碰碰运气。

只是，当她到了那里，却发现已经不见了告示，她深吸一口气，决定闯上门问问看。门开了，房主女士将她好是一番打量，还问了一些话，才带她到了二楼看房。卧室、起居室、厨房、厕所、阳台……看着一应俱全的设施，杨绛很是心动。另外，这套居所是与其他房间隔离开的，可由花园小门直接出入，这意味着完全的独立和私密。

这样的房子应该不便宜吧？其实不然，问清租赁条件后，杨绛不禁莞尔，幽雅的环境，合适的租金，最重要的是，离学校和图书馆近，她相信，钱钟书一定会喜欢这里。

果不其然，钱钟书看到房子时，露出了喜出望外的神情，这让杨绛很是高兴，只觉得自己四处奔波找房的日子并没有白费。就这样，他们签下了租约，搬进了新居所，这里是只属于他们的私密空间。

钱钟书说："婚姻就像是穿在脚上的鞋子，舒不舒服只有脚趾头知道。"如果说爱情是心跳如鼓的激情，那么婚姻便是琐碎平淡的生活。从浪漫缠绵的爱情，走到柴米油盐的婚姻，喜不喜欢，也只有自己知道。

他们搬进了新家，两个从未做过饭羹的年轻人开始为吃饭发愁，食物向来都是生活中的大事，这应该也算独自生活的困难和不如意吧，但懂得自我慰藉的两个人丝毫不以为意，竟然还在不断尝试中寻找到了快乐。

卷袖围裙为口忙，朝朝洗手做羹汤。有一次，钱钟书想吃红烧肉，于是杨绛便买来肉，用剪子剪成一方一方的，然后丢进锅里开足电力使劲开煮，汤煮干了便继续加水，只是这锅"顽固的犟肉"，怎样都没有煮烂。

第一次做红烧肉的经历，便以失败告终。事后，杨绛突然想起母亲做橙皮果酱的时候用的是"文火"，于是下次做红烧肉时，她开始试着小火慢炖，还买了瓶雪莉酒当黄酒使用。这一次，红烧肉总算是做成了，钱钟书吃得可谓酣畅淋漓。

杨绛笑着说：“我们搬家是冒险，自理伙食也是冒险，吃上红烧肉就是冒险成功。”温润的女子对生活热忱，始终保持着乐观的心态，后来无论是做鸡肉、羊肉还是猪肉，她都依法炮制，用文火慢炖，竟然发现白煮也颇为可口。

刚开始，他们是把蔬菜煮着吃的。一次，灵光显现的她，按着记忆里母亲炒菜的模样，开始清炒起来，竟然发现味道还不错，至少比煮的好吃，于是她又得到了新的技能——炒蔬菜。

慢慢摸索，慢慢发明，他们在闹笑话中学到了许多，也添了不少乐趣。一次，商店给他们送来了扁豆，俩人都不知道这是什么，还一边剥皮一边抱怨壳厚豆小。后来，他们剥着剥着便醒悟了，或许这扁豆就是吃壳的呢，于是杨绛试着焖了一下，还挺不错！

还有一次，他们买了些活虾，杨绛“内行”地说：“得剪掉须须和脚。”于是，她拿起剪刀剪了下去，可是谁知她一剪，活虾便开始在她手里抽搐，吓得她扔了虾直逃出厨房，并孩子气地大喊：“虾，我一剪，痛得抽抽了，以后咱们不吃了吧！”

她的话逗乐了钱钟书。他笑着说，虾子还是要吃的，因为它们并不像她那样痛。

就这样，两人不断实验，不断发明，不断应对着生活的难题，饭菜早就做得有模有样了，杨绛更是戏称自己从原始人烹饪慢慢进化，一直走入了文明阶段。

曾经，我们都是家里的宝贝，十指不沾阳春水，但总有一日，远离父母的我们为了养活自己，不得不洗手做羹汤。刚开始，或许你会手忙脚乱，或许你会在一次次烫伤中流下伤感的泪，但是亲爱的，独立的过程都是如此的，豁达一点才能走得更坚定。

在这私密的小家，杨绛还遇到过哭笑不得的意外。那是初春的清晨，她送钱钟书出门上课，但当她想要回屋时，一阵风吹过，门被锁上了，而她并没有带钥匙……

你是否也曾将自己锁在门外，当时你有怎样的反应？是气急败坏地捶胸顿足，还是大声抱怨自己太过倒霉，或者，你只是如杨绛这般，心平气和地想办法解决。

当时，杨绛是想要找锁匠的，奈何费用昂贵，更何况她身上压根就没带钱。没办法，她只好转到花园，借来园丁的长梯爬上了阳台。她细细观察着阳台厚厚的木门，心里盘算着从门框镶嵌的小横窗钻进去的可能性，无奈横窗太高，她够不着。

这时，她看到了放置的木箱，便急中生智地站在上面，一蹬一侧蹿，左手便搭在了气窗下沿，然后她用脑袋顶开横窗钻了进去。杨绛并不记得下半身是怎么进去的，但她就这样钻了进去，拿到了客厅桌上的那串钥匙。

真的是有惊无险，她赶紧将手上的钥匙拴在了腰带上，等到钱钟书下课归来时，富有人生智慧的女子早就平复了情绪，好像什么事情都没有发生过。

人总有运气不好的时候，生活总有不如意的时候，事情发生的时候，我们只觉得自己倒霉透顶，喝凉水都塞牙。但事后想想，不过都是些芝麻绿豆的琐事，总有解决的办法，哪里就上升到悲天悯人的高度？

做人当如她，即使遇到不擅长的领域，也要苦中作乐，自我慰藉。乍离开家，相隔万里，思念是最让人怅惘的存在，杨绛亦如此，每到夜深人静，她便会格外想念父母姐妹。但是，她会将思念化做书信，每周定期寄回家。

当然，每周她也都能收到不远万里的回信，看着父母亲切的话语，以及妹妹们的稚言童语，她总能眉开眼笑，很是开心。但是，钱钟书并没有这样多的家信，即使偶尔来信，也不过是严父的谆谆教诲，于是每每杨绛有信到时，他便会争着阅读。这一番争抢，总能适时消除想家的伤感。

另外，为了排遣情绪，他们还会在早饭前晚饭后漫无边际地“探险”。牵着手的两个人，慢慢地走着，不管道路通往何方，也不管遇到什么样的风景，这便是他们的乐趣，自得其乐间，他们忘掉了陌生，忘掉了不愉快，只余快乐蔓延。

她说：“牛津人情味重。邮差半路上碰到我们，就把我们的家信交给我们。小孩子就在旁边等着，很客气地向我们讨中国邮票。高大的警察，戴着白手套，傍晚慢吞吞地一路走，一路把一家家的大门推推，看是否关好，确有人家没关好门的，警察会客气地警告。”

人总要深入了解后，才能发现一座城市真正的美丽。少了都市的繁华与喧嚣，牛津只是一座安静的小城，古朴淡雅，历史悠久。杨绛不是故乡人，却从中体味到了静美和人情味。

生活在别处，少了熟悉，多了陌生，或许我们会怅惘，感觉人生一团糟，但是聪慧的人总能理出头绪，寻到慰藉。

「 第二节 」

安然行走于岁月之中

日出日落，花开花谢，岁月清浅，一路向前，谁也没有退路。掬一捧花香，握一份懂得，真正强大的女人懂得在静好的时光里，浅笑安然。

安然的女人是淡定的，淡极始知花更艳，淡定不是不在乎，而是坦然泰然，因为世事洞明。安然的女人是平和的，俗世浮华，繁花似锦，只有内心平和，才能活出质量，活出独属于自己的优雅和幸福。

落花无言，人淡如菊，无论世事怎么转换，杨绛都能守住初心。你若安然，世界便是碧海蓝天，清如秋水；你若安然，哪怕身心一次次受伤，哪怕灵魂一次次受挫，你依旧可以风轻云淡、波澜不惊，在生命的道路上快乐前行。

有人说，人生到底是上升，还是下坠，完全取决于我们如何看待人生。是的，我们不能决定自己的出身，但可以选择自己的生活方式，安然行走在岁月之中，你总能收获自己想要的生活，一如杨绛。

其实，杨绛想要的生活很简单，不过是不虚度时光，有相亲相爱之人充盈起整个人生。无论未来怎样，无论遇到什么样的挫折磨难，只要家还在，人还在，便能找寻到幸福的方向。

人生短暂，总会留有遗憾，于是悲观之人觉得生命的本质虚空无常，而乐观之人却总能发现得失之间渗透的残缺美感。无论是富贵还是贫穷，人这一辈子是有定数的，没有谁能长生不老，所以人们往往格外关注血脉的绵延。

对于传统的中国人，孩子的意义是非凡的。在古代，“不孝有三，无后为大”的训诫束缚了无数女子的命运，而如今，虽然观念变了，但是作为爱情的结晶，孩子依旧有着非凡的意义。

从科学的角度来说，生命的传承只是一种抽象规律，但是感性和母性并不是一板一眼的科学，而是生活中随处可以捕捉的温暖和感动，婴儿的那声清脆啼哭，不知让多少初为人父人母的年轻人喜极而泣。

一个温暖的家，总要有灵动的孩子才显得完整。婚后不久，杨绛和钱钟书也收获了自己的爱情果实，在不知不觉中，一个小小的生命正在杨绛的肚子里孕育成长。

当她开始察觉身体的微妙变化时，觉得很是新奇，心里充满了期待。他们正是世上平凡的一对，会如其他年轻夫妻那般，讨论着婴儿的模样，兴奋地幻想着即将到来的一切。钱钟书暗暗希望这是一个女儿，将来长成如妻子般温婉智慧的美丽女子。

而在杨绛心里，男孩女孩倒不重要，只要他（她）未来如丈夫这般博学和睿智。或许，陷在甜蜜婚姻里的两个人，不过是想将自己最爱的一切，都投射到自己的孩子身上，又或许，在他们彼此的心间，对方就是那最完美的另一半。

陌生的国度，不一样的人生，接踵而来的皆是各种各样的挑战，而这个小小的孩童，便成了他们最甜蜜的喜悦和收获。幸运的是，他们的希望后来都变成了现实，她们的女儿阿圆如母亲般宽厚温暖，又如父亲般学富五车。

一边是学业，一边是爱之结晶，他们夫妻的生活美好而充实。随着怀孕月份的增大，杨绛的孕期反应越来越强烈，在甜蜜的折磨之中，她只得放下了家务，放下了最爱的书，将所有的重心都调整到了孩子的身上，她要创造一切条件，以保证孩子健康出生。

有人说，孕育生命是女人的天性。是的，母性是天生的技能，无论多么大大咧咧的女子，都会因为小小的胎动柔和起来，杨绛亦如是。她经常轻轻地抚摸自己的肚子，静静地感受着宝宝的每一个动作、每一次呼吸。她觉得这是一个母亲与自己孩子最私密的对话，这个世界上有很多残缺，她会用满满的爱填补。

诚如杨绛、钱钟书这样名满天下的作家，在他们心里，最重要的作品仍是最亲爱的孩子。

当然，钱钟书也是紧张的，为了让妻子更好地养胎，他不仅主动承担了大部分的家务，还早早陪着她去牛津妇产医院进行各项检查。为了保证宝宝的健康，他跑来跑去，不仅自己查了许多信息，还咨询了不少专业人士。

他很早就预定了产院的单人病房，并请求院长为他介绍专家。金发碧眼的院长以为东方人会比较介意医生的性别，便问他是不是一定要女医生，但是钱钟书坚定地回答：“要最好的！”

是的，在西方人眼里，中国人是保守的，面子大于一切。但在钱钟书心里，与妻子孩子的健康相比，那些条条框框皆是浮云。于是，院长向他推荐了斯班斯医生，那是医院最好的妇科医生，并且他家距离钱钟书夫妇的处所很近。

对于女人来说，生产都是不愿回忆的记忆，充满着难以想象的痛苦与挑战。杨绛分娩那天，仿佛用尽了自己所有的气力，甚至一度昏迷过去，好在一切有惊无险，当她再次睁开双眼时，便听到护士们充满敬佩的声音："你是我们见过的最勇敢的女人。"

回头，杨绛看见了她，包裹在法兰绒布包里的女儿，她怀胎十月一朝分娩诞下的女儿，如今她就躺在自己床边，被裹得如同粽子一般，安静地睡着了。她笑了，虽然身体依旧虚弱，笑容却发自肺腑。

健谈的护士在她的床头叽叽喳喳，讲述着分娩的惊险过程，而她只是平静地听着，仿佛事情完全与她无关。而当护士问她为何不大声喊叫时，她只不过是淡淡地回答："既然喊叫也仍会疼，那又何苦浪费力气呢？"

这便是她，哪怕面对撕心裂肺的疼痛，也依旧走得从容。她轻描淡写的一句话，惊住了在场的每一位护士，她们啧啧赞叹中国女人的韧劲和不屈。

当然，杨绛被推入产房，最坐立不安的便是丈夫钱钟书。整个过程，他不能与妻子见面，也不知道她的安危，这让他急得团团转，就如同热锅上的蚂蚁，一刻都待不住。这一天，他来回产院四次，都被医生劝了回去，但他仍然不放心，没到家门口便又折了回来。

从他们租住的寓所到医院并没有直达的公交车，所以他这一日的来来回回全靠步行，但他丝毫没感到累，产房里躺着的那个人牵动了他所有的神经。

孩子平安诞生后，医院在第一时间告知了钱钟书。当他听说是个女儿时，更是笑得合不拢嘴。只是产妇太过虚弱，医院禁止他们见面，这一次他只得再次单独离开，直到杨绛脱离了危险期完全清醒过来，他才见到了心心念念的妻女。

古往今来，那些才华横溢的文学巨匠，一旦遇到人生中的大事，反而会笨拙得如稚嫩孩童一般，钱钟书也不例外。他终于见到了自己白白胖胖的女儿，心中自是一片潮湿，头脑却是一片空白，想不出任何优美的词汇，只知道傻笑着："这是我的女儿，我喜欢的。"

或许，越是重大的喜悦，越是容易词穷，只有最朴实无华的语言，才能阐释心灵的震动。当然，最懂钱钟书的莫过于杨绛。她知道，丈夫笨拙的话语里，蕴藏着按捺不住的欣喜。

在医院休养期间，与杨绛熟识的护士们笑着揶揄她有一位好丈夫，光是生产那天就奔波了四个来回。她听了之后，心里不住地涌起一股又一股的暖流，其中还夹杂着心疼，他的学业已是如此繁重，怎么还能如此疲累！

其实，杨绛要的便是这样的简单，一个心疼自己的丈夫，一个可爱的女儿，她们一家三口携手走进安然时光。

有了孩子以后，钱钟书更加心疼她了。之后的许多年里，他在女儿生日的那天不断重复着这样一句话：这是你母亲的受难日。女儿阿圆的出生，升华了夫妻二人的爱情，更灵动了夫妻二人的生活，因为这么一个小小的支点，他们的关系更加稳固。

一家三口，最幸福的组合，在以后的时光里，他们安然走过时间洪流，即使最后钱钟书走了，阿圆也去了天堂，只余下杨绛一人，她依旧从容地行进在人生路上，因为他们始终活在她的心里。

安然行走于岁月之中，亲情是相携一路的暖，你会收获不一样的优雅和美丽。

「第三节」

情绪，是智慧不够的产物

有人说，理性和情绪是对立的。或许，这样的说法过于绝对，其实理性中蕴涵着智慧，情绪中也包含着智慧，情绪智慧的高低决定着一个人对情绪的意识水平，情商高的人都是善于控制自己情绪的。

试问，你如果连自己的情绪都控制不了，那么你还能控制什么呢？即便把整个世界都奉予你的手上，你早晚也会毁掉一切。所以，不要把不良情绪挂在脸上，那是一种令人讨厌的东西，你做不了心态的主人，必然会沦为情绪的奴隶。

我们都是性情中人，都曾有过年少轻狂的岁月，杨绛亦是如此。那时他们已经回国，被困在上海沦陷区，钱钟书的工作没有着落，杨绛的父亲杨荫杭便把自己在震旦女子文理学院教书的工作给了他，一家人才得以勉强糊口。

时局动荡，他们的生活是凄苦萧瑟的。原本杨绛是在母校振华女中分校做校长的，如今分校也停办了，失了工作的她，只得一边当家庭教师，一边在小学做代课老师。生活所迫，她不得不为了每月的三斗米来回奔波。

压抑的日子过得久了，难免会产生一些负面的情绪，即使是豁达的杨绛，也有控制不住情绪的时候。困居于上海时，他们的家是在法租界内的，而杨绛代课的小学却在公共租界，相距甚远，她每天不得不乘车到法租界边缘，然后再乘坐公共租界的有轨电车，甚是辛劳。

刚开始，当有轨电车经过苏州河大桥时，车上的乘客都要排队过桥，并且要向驻扎此地的日本兵行鞠躬礼，倔强如她，自是不愿向侵略者卑躬屈膝的，于是便低着头蒙混过关。

后来，乘客们不再下车过桥，但是日本兵会在桥头上车检查。每次日本兵一上车，全体乘客便会起立等待检查，车内气氛立马肃静而沉重。有一次，杨绛起立慢了一些，一个日本兵便瞪着她，还用食指挑衅地猛抬她的下颌。

这样轻佻的举动惹怒了我们可爱的杨绛先生。巾帼不让须眉，怎么能让这帮没有人性的日本人如此嚣张跋扈，只见她怒目相向，不甘示弱地大声呵斥道：“岂有此理！”

一句话惊呆了在场的所有人，本就肃静的车厢更是静默得可怕。不知过了多久，那个日本兵转身走了，车厢过道回荡着笨重军靴的沉闷声响。

日本人下车后，电车继续开动，车内霎时炸开了锅，杨绛身边的同事早就吓呆了，拍着胸脯说：“啊唷！侬吓杀吾来！侬哪能格？侬发痴了？”

其实，后知后觉的杨绛此时也惊出了一身冷汗。她暗自庆幸自己并没有惹下大祸，对于这些残忍的日本人来说，当街斩杀一个弱女子并不是什么大事，她有些后悔自己往枪口上撞了。以后的日子里，她宁愿绕道而行，也不愿再受日本人的羞辱。

挑衅这样一群杀人不眨眼的刽子手而能全身而退，只能说杨绛够幸运。吃一堑，长一智，以后再遇到日本人，她不再用情绪说话，而是用智慧行事。几年后，他们家突然闯进了两个日本宪兵，那时钱钟书在外上课，只有柔弱的她自己在家，但这一次她的表现很是机警。

我们的杨先生不卑不亢，先冷静地请日本兵坐下，然后便借沏茶的机会，将丈夫珍贵的《谈艺录》手稿藏到了楼梯上的亭子间，并悄悄差人告诉丈夫不要回家。

这一切做妥后，她端着茶水回到厅堂，客客气气地应付着两个日本兵，最后只让他们带走了自己的通讯录，外加一叠剪报，如此而已。正是因为她的机敏和不动声色，钱钟书智慧的结晶才躲过了盘查，未遭损毁。

最惆怅的雨季，上海文坛被日伪牢牢把控，处处皆是陷阱深渊，一不小心便会招来日本宪兵的一番搜查拷问，而她就这样惊险脱身。他们夫妻二人，韬光养晦，谨慎待之，耐心等待河清海晏之时。

有人如是评价她：“杨绛不是那种飞扬躁厉的作家，相反，她有缄默的智慧。她是一位勤劳的贤淑的夫人，白皙皙的……唯其有清净的优美的女性的敏感，临到刻画社会人物，她才独具慧眼，把线条勾描得十二分匀称。一切在情在理，一切平易自然，而韵味尽在个中矣。”

情绪是智慧不足的产物，以后的日子里，无论风云怎样变幻，她均用缄默的智慧对抗磨难。不知是谁说的，当你能控制自己的情绪时，你就是优雅的；当你能控制自己的心态时，你就是成功的。是的，杨绛不仅是优雅的，还是成功的，她创作的两部喜剧《称心如意》和《弄假成真》颇受民众的喜欢。

都说文如其人，她的剧作一如自身，自然而平实，却又在不经意间流露出浓郁的幽默感，给了沦陷区百姓宣泄苦闷郁结的出口。这便是她，这便是她的剧作，她善于同笔下的人物开些无伤大雅的玩笑，又从来不失温柔敦厚的本色。

此情此景，此文此字，她自己是这样说的："如果说，沦陷在日寇铁蹄下的老百姓，不妥协、不屈服就算反抗，不愁苦、不丧气就算坚强，那么，这两个戏剧里的几声笑，也算表示我们在漫漫长夜的黑暗里始终没有丧失信心，在艰苦生活里始终保持着乐观的精神。"

她的喜剧是空际传神、栩栩如生的，她的喜剧是幽默乐观、浅浅淡淡的。直面现实，梦想不断拉扯，而她总是乐观相对，严肃思考，因为早已明了，你做不了心态的主人，必然沦为情绪的奴隶。

后来，无论是下牛棚、挨批斗，还是丈夫、女儿相继离世，她一直乐观地面对生活，将一切看破，守住自己的情绪，守住自己的人生，这才是圆满的一辈子。

做一个淡定的女子，笑看人情冷暖，不喧不闹，不争不吵，不慌不忙；做一个内心强大的女子，存温暖，存善良，不羞不怯，不退不避。或许，杨绛正是唤醒你内在强大的正能量，让你轻松把握情绪。

有一种技能叫做情绪掌控术，这是心灵的修炼，是人生的境界。这种技能让浮躁之人学会放下，顺其自然才能走得更远；这种技能让焦虑之人学会沉静，在智慧中升华人生；这种技能让迷茫之人找到心灵的方向，只有内心清澈如水，才能让生命重新回归平衡。

佛学大师赵朴初在自己的遗作中如是写道："生亦欣然，死亦无憾。花落还开，水流不断。我兮何有，谁欤安息。明月清风，不老牵挂。"这是何等的境界！当我们看淡生死，看破人生，宠辱不惊，去留无意，对于情绪的掌控便成了轻而易举的事情。

有人说，女人的自信来源于内心的淡定和坦然。宠辱不惊，看庭前花开花落；去留无意，望天上云卷云舒。在这竞争的社会，女人的烦恼不比男人少，我们的生命舞台上充满各种各样的挫折和荣誉，所以不要太过狂喜，也不要太过悲伤，做到宠辱不惊，才能成为一名内心强大的坚韧女子。

有句话说得好，越是有故事的女人，越是沉静简单；越是肤浅单薄的人，越是浮躁不安。你是什么样的女人呢？你是否也如杨绛这般平静而从容？

生活之中，也许有很多事情都无法预料，也无法强求；生活之中，也许有很多悲欢离合让我们无所适从，也无法面对。但是，亲爱的，请你记住，真正的内心强大，不是没有眼泪，而是含着眼泪依然不动声色地向前奔跑！

享受淡定，品味优雅，智慧的女人，少了一份焦虑，多了一份豁达；智慧的女人，少了一份浮躁，多了一份魅力；智慧的女人，少了一份迷茫，多了一份幸福！

「第四节」

就算是“狗耕田”，也要耕好

有人说，追求与梦想从来都形影不离，它们让无数曾经软弱的身影变得坚挺，正是因为从来不愿舍弃对梦想的追求，最灰暗的年代也能保留一片精彩纷呈的空间，孕育出最五彩缤纷的景色。

然而，苦闷的情绪总是让一切美丽的事物化为泡影，即便是心中曾经有过的美好憧憬，也会在残酷的现实和奔忙的生活中掩盖住它曾经华丽的身影。杨绛不似其他女子，并不甘愿在生活的苦闷中沉沦。她看似渺小柔弱的身体里，却包裹了一颗倔强而坚强的心，这颗不安分的心注定让她成就一些什么，哪怕这份成就还未初露端倪，她也知道生活一定不会就这样在苦闷中继续。

战争让杨绛身处的上海变成一座孤岛，其虽未遭受日本人的侵扰，却被英国、法国、美国割据成一块块的租界。城市边缘的重重关卡似乎为每个人的生活打上了苦闷的烙印，可杨绛偏偏不甘心坐于原地等待他人的援助，她要出去工作，哪怕是最微薄的收入，也能减轻家里的负担，更能证明自己的能力。

家人总是能给她最好的安慰，哪怕在外面工作时累到憔悴，可只要回到家中与家人在一起说说笑笑，那一身的疲惫便瞬间烟消云散，她又变回那个谈笑风生的江南才女。

都说江南女子感性，可自幼生长在江南的杨绛却永远有着一副理性的思维。当现实杂乱无序，她总能从纷乱的时局中准确揪出“线头”所在，沿着正确的方向走下去。她认清，越是不安稳的时局，越是需要一份工作来养活家人和自己。然而，她更加清楚，是谁造成了如今动荡的局面，哪怕薪资待遇再好，只要是与日本人沾边的工作，她便坚决不会去触碰。国仇与家恨时刻牢记在杨绛的心头，这不仅是多年的教育为她带来的认知，更源于她天生的傲骨。

乱世与劣势总是能让许多东西沦为虚无，例如尊严。理性与智慧总是能让尊严得到最好的体现。女人更易软弱，时常在强势与困境面前选择屈服，以换取一丝微弱的同情与怜悯，可当头低得久了，谁知是否换来的不是嘲笑与轻视？

生活的困顿并不是真正的贫穷，无论多困苦的环境都能保留那一份尊严，便能称之为真正的富有，它不是外在，只存于内心。虽然面前的世界用残酷的现实蹂躏着自己的梦想，可杨绛偏要把自己投入到那个残酷的世界中去打拼，去历练，去忍受，含泪播种，含笑收获。

杨绛在心中为自己的信念撑起了一个保护罩，也等来了一个与自己有着同样信念的人。当听说杨绛回国，苏州振华女校的校长王季玉先生便来登门拜访。王季玉先生的母亲，便是振华女校的创办人。而王季玉先生本人，曾在美国马塞诸塞州的蒙特豪里尤克学院取得文学学士学位，又在伊利诺伊大学获得了理科硕士学位。他学成归来后，便接下了母亲的校长职位，将全部身心投入到教书育人上面，甚至学校中使用的每一分经费，都是她努力筹募而来的。

苏州已被日本人占有，王季玉先生凭借着最后一份坚持，坚决阻止日本人占领振华。她将学校的贵重资产和图书转移到偏远农家，虽然一部分师生也一同前往，可无情的战火依然让办学之路走到了终止的那一刻。

重办振华成了王季玉先生毕生的使命，杨绛的归来似乎让她看到了一线希望。她希望杨绛担任上海振华女校的校长，面对王季玉先生的重托，杨绛却没有单凭着一腔热忱一口应允。

做官，似乎是让许多人难以抗拒的诱惑。那似乎是一条成就人生的捷径，既象征着人生的圆满，又象征着夙愿得偿。可杨绛早已习惯用一双理性的眼睛去审视一切事物，她了解自己的能力，也清楚眼前的任务即将面对的险境。她并不是个胆小的女人，却也从不盲目，她需要更多的时间来理顺头脑中纷乱的思绪，也需要听一听父亲的建议。

女人经历过风浪的冲刷和岁月的洗礼后，总是能变得温柔明媚、平和安静，散发出一种知性的美，在渐变的年轮中沉淀一份理性的智慧，攫取一份感性的温情。

即便父亲曾经的经验告诉杨绛做什么也别做官，可这一次，父亲对她出任振华的校长给予了极大的支持。对于从未做过官的杨绛来说，做校长可谓是一件“狗耕田”的差事，可这个从不服输的小女子认定，即便是“狗耕田”，也要做好。

筹办一所学校，并不像乍一听起来那般气势磅礴。一旦投入身心去做，杨绛发现并不出她所料，一系列的琐事立刻压得她喘不过气来。从教室到教师，一切都需要杨绛从无到有地去筹办。她每天马不停蹄地选择校址，尽管四处奔波，可这位校长却并没有一分钱的工资，一切只凭一份一定要做好一件事的毅力在支撑着。最终，赫德路振粹小学的校舍成为振华女校最终的选择，两所学校合用校舍，各用半天。

人生的精彩，在于珍惜每一次飞翔。做好一件事，并非一定要名垂千古，流芳百世，只求能像一只先飞的笨鸟，将超越强者作为最基本的使命。所有的压力都被杨绛化为前进的勇气，哪怕是低空飞翔，也离蓝天更近了一步。

只有经历过一次又一次摔跤的疼痛，才能自由地扇动美丽的翅膀。只是，有人因为畏惧从空中跌落时的痛，因此甘愿在枝头栖息一生。

王季玉先生每一次手把手的教导，都被杨绛当做学习飞翔经验的机会。当教师和教室问题解决之后，学校的一切事务都由杨绛一一打理。无论是招生人数还是招生费用，抑或是教职员工的薪水，一桩桩、一件件的事情，都被她记录在小本子上，一件件地去处理。而王季玉先生传授的教课与管理的宝贵经验，则被杨绛记录在脑子里，铭刻在心中。

终于，从王季玉先生将振华女校的美金存折和钤记印章交到杨绛手中的那一刻起，她这位名誉校长正式宣告走马上任。这只刚刚学会飞翔的小鸟，彻底离开了保护她的翅膀，王季玉先生信任杨绛，更是因为她一直以来就是一个可靠的人。

人生在世难免浮躁，人们总是有很多想要的东西，也有很多想做的事情，却总是忘记梳理杂乱的心绪，唯有穿过喧嚣，才能在纷乱的“毛线堆”中理出那根“线头”，不在无谓的琐事中空负年华。

没有一蹴而就的成功，更没有不努力就能做成的事情。仅仅是筹备振华女校的开办，就花了杨绛一年的时间。学校正式开课的那一天，杨绛甚至包下了高三英语的教学任务。她是个聪明的女人，只要全心投入，便总能悟出许多做事情的诀窍，仅仅半年，振华女校就被杨绛管理得有声有色。她就是这样的，认定了一件该做的事情，就会全身心投入，既做校长，又做英语老师，还要为了家中的温饱在外兼做家庭教师，家中的事务也大多也需要她亲自处理。这时的杨绛仿佛生出三头六臂，每一个角色都被她做到尽善尽美。

即便是女儿圆圆的事情，也没有让杨绛放弃过学校的事务。校长的职务每继续一天，她对女儿的亏欠便累积一分。她似乎永远都在工作，陪伴女儿的时间简直屈指可数。即使女儿生了重病，杨绛也是一边照顾女儿，一边处理学校的公务，只要女儿稍一好转，她又马上全身心地投入到学校的工作中去，就连陪女儿玩一会的时间都没有。

也许是遗传了杨绛懂事的天性，女儿虽然想时刻黏着妈妈，可只要一看到妈妈摊开学生的作业本，她便知道妈妈批改作业的时间到了。小小的人儿“恨透了”这些作业本，她用小拳头在作业本上狠狠地捶打几下，却依然乖乖地走开，眼角默默地挂着小小的泪珠。

没有一成不变的对错，也没有事先预知的结局。事情只要做了，就要做到尽善尽美，哪怕是一丝小小的懈怠，在将来的某一天，也会因没有尽全力去做而留下永恒的遗憾。

杨绛不愿辜负王季玉先生对自己的信任，更不愿在回首过往之时懊悔。即使钱钟书从西南联大回到上海来探望她，她也未能完全放下自己的事业。所幸钱钟书理解她办学不易，短暂的相聚之后，杨绛又将一颗心完全扑在了办学上。

杨绛曾经与王季玉先生约定，振华女中校长的职务她只做半年，半年之后将一切权力归还王季玉先生。可当约定好的半年时间一到，杨绛刚刚透露出想要辞职的想法，王季玉先生便火速赶到上海挽留，就连董事会也希望杨绛能够继续在校长的位置上坐下去。

也许人生就是这样，将自身的光芒集中在一处绽放，当想要转身离去的那一刻，周遭的一切都将因少了这道光芒而倍加想念。耐不住王季玉先生的苦苦挽留，杨绛只好决定在振华校长的职务上再坚守半年。并非是因为杨绛做事只有三分钟热度，而是因为她最热爱的始终是文学，她曾立志安心搞文学创作，答应做振华女校的校长，既是出于对王季玉先生的钦佩，也是希望帮助王先生完成一生的夙愿。

只有杨绛自己知道，这个光彩照人的校长身份背后，隐藏着无尽的寂寞，就像一场盛放的烟花，当所有的明亮销声匿迹之后，留下的仍是一片黑暗。其实，生命中的每片灿烂背后都是他人无法体会的寂寞。她就这样默默地站在寂寞里，学着坚强，学着让自己更有魅力。

多年以后，彻底从校长职务中抽身出来的杨绛，潜心创作出短篇小说《事业》，便是以王季玉先生为原型的。杨绛始终认为，振华女中校长的身份，为自己积累了更多的人生经验与智慧，虽然她并不喜欢专权做事，只希望一辈子生活在群众中，可只要做了，便要做到尽善尽美。她敬佩王季玉先生能为教育事业奉献自己的一生，也感谢她曾经给予自己帮助与指点，每当想起在振华的日子，涌上心头的不是自己曾经做出的贡献，而是对这位优秀的人生导师的无尽怀念。

总有人手捧着曾经的荣耀不肯放手，却不知放下过去才能拥有美好的回忆，让往事酝酿出甘醇的美酒，时间越久，越是香浓。杨绛甘愿用曾经的荣耀供养心灵的莲花，放下过往，何尝不是一种享受。

耐得住寂寞与辛苦，把一件事做到最好，何尝不是在完成生命中的一项挑战。她如同一位雕琢时光的工匠，用枯燥重复的动作将生命刻画出一道道精彩，在反复的敲打中，最平凡无奇的金属也能绽放出黄金一样的光芒。

人生并非一帆风顺，却也从没有真正的绝境。与其计算着人生的艰辛与苦难，不如在心中埋下一颗信念的种子。没有走不好的路，亦没有做不好的事情，生命也总能等到开花结果的那一天。

第五章

精神对于物质的胜利，便是人生哲学

「第一节」

切忌“读书太少而想得太多”

读书本就是一份静美的意境，是一种文字对心灵与精神的按摩，心境在字里行间变得温馨与安宁，也许在生命中唯有这一时刻才能真正体会到如茶的心境。

出生在书香世家的杨绛，自幼便在父亲的影响下，恪守着“万般皆下品，唯有读书高”的格言。也许从出生的那一刻起，杨绛的一生便注定少不了书的陪伴。她有一个开明的父亲，他对子女的一切兴趣爱好都持尊重的态度，并且愿意加以培养。在父亲的鼓励下，杨绛的兴趣爱好相当广泛，却唯有文学坚持到最后，书也成了她一辈子的好友。从高中时起，父亲便会经常在杨绛的书桌上放一些她感兴趣的书籍，这是父女之间贴心的“小游戏”，更是杨绛未来文学之路的奠基石。父亲教会了杨绛做人的道理，而书本则让杨绛学习到丰富的知识，这些都是她精彩人生中取之不尽的财富。

春秋数载，书写华年，书陪伴杨绛走过月沉星移，也是从书本中，她懂得了遇事之前多思考，绝不人云亦云，从此孕育出从容淡然的处事态度，并对生活充满了憧憬。

成为东吴大学高材生的杨绛，也曾经面对过让自己犹豫不决的事情。大学第二年选专业时，杨绛考虑，在大学里学的本领，应该是对别人有益的，否则就等于白上了一次大学。那时，她正被南丁格尔的故事深深打动，强烈渴望做一名护士。正巧，东吴大学医学预科毕业的学生，还可以进入北京协和医院工作。可杨绛忘记了自己善良的天性，在生物实验课上，她无论如何也不敢对活生生的小动物“下手”，当亲眼看过一台手术之后，更是恶心得两天没有吃下一口肉。从此，她对学医彻底失去了信心。

父亲的一句“喜欢什么就学什么”，又让杨绛动起了做一名律师的念头，她希望和父亲一样，专门替百姓说话。可考虑再三之后，她发现，这似乎也不是自己真正喜欢的东西。每当有闲暇的时间，或是犹豫不决的事情，杨绛便喜欢泡在东吴大学的图书馆里，她相信书本能解疑答惑。东吴大学图书馆庞大的藏书量，对杨绛来说简直就是一份宝藏，她喜欢那里的每一本书，尤其是外国文学。在一页一页的书笺里，杨绛忽然豁然开朗，原来自己真正喜欢的东西就在这里，只有文学是最适合自己的学科，而最喜欢的东西，学习起来也是最容易的。她这才发现，之前胡乱思考的专业简直白白浪费了自己的时间，有时候，想得太多，反而是最不切实际的。

也正是这种嗜书如命的性格，造就了她与钱钟书的美好姻缘。据杨绛回忆，两人在清华大学交往时，最主要的交流便是互相介绍自己喜欢的书籍。两个有着共同爱好的人注定走到一起，也许这就是缘分的奇妙之处。

杨绛之所以爱书，是因为从中可以看到别人的故事，从他人的娓娓讲述中读懂世态风雨，比别人提早一步感悟人生的内涵。她有着一双梦想的羽翼，读书似乎能让这双羽翼更加丰满。她更喜欢在别人的故事中融入自己的灵魂，去替代书中的人物思考，或者干脆反过来，用书中的思想主宰自己的言行。

杨绛一生都在与书为伴，怀念起最快乐的读书时光，想来还是在牛津留学的那段日子。那时的钱钟书，以公费生的身份在牛津读书，而杨绛则以旁听生的身份听课，旁听生不需要做作业，更不需要考试，因此也就有了更加充裕的阅读时间。

只要赶上两个人同时没有课，杨绛便会与钱钟书相伴来到牛津大学的图书馆，仿佛在书中才能找到真正的自由，两个人大部分的空闲时间，都是在图书馆中度过的。牛津大学总图书馆的英文名字是 Bodleian Library，钱钟书将它的中文译名叫做“饱蠹楼”，两个整日在图书馆中埋头苦读的人，确实像两只书虫一样在书堆中饱蠹。牛津大学的图书馆在当时已有五百万册藏书，六万卷手稿，满室满架的文学经典，简直就是杨绛的天堂。曾经因学习政治而耽误的文学课程，正好可以在这里从容自在地好好补习。

之所以整日泡在图书馆里，也是因为牛津大学图书馆的书向来不外借，想要阅读，就只能留在图书馆。在临窗的一行单人书桌那里，杨绛自己占据了一张桌子，每次都会从书架上取下厚厚的一摞书，一天读不完，就留在桌子上，留到第二天再来读。因为在图书馆读书的学生非常少，这里的环境异常清静，反而比在家读书还要舒服许多。杨绛不肯浪费这远涉重洋的读书机会，她甚至为自己列了一张读书课表，将英国经典作家的名字和作品按照文学史一一列在表上，表上所有的书籍，她都要从头到尾细读，不仅读这些作家的代表作，甚至连评论也不肯放过。

用自己的头脑去思考书中的含义，也要借由他人的评价来体味自己不曾发觉的寓意，也许这就是读书的乐趣之所在。书中到底承载着多少美，就连杨绛自己也无法说清。也许，书中的思想胜过一切外在的美，那里寄托着她的情感与心情，天马行空的自由比一切都更加重要。书籍承载着她的喜怒哀乐，每一次情绪的背后都有所感悟，对杨绛来说，这本身就是一种乐趣。

牛津大学图书馆中从18世纪到20世纪的英国经典文学作品，就这样在日复一日的翻阅中被杨绛读了个遍。杨绛的读书课表上，有些书就连牛津大学图书馆都很难找到，她只能到处去寻觅，能找到就抓紧阅读，也无所谓是否按照课程表上的顺序了。每位知名作家的代表作，她至少要看上三四部，如果能够借到，某一位作家的全部著作她都要阅读，回国之后重新回到清华，当年在牛津没有读到的图书，杨绛也一一找来补读。

在牛津读书时，不仅英国的经典著作被杨绛读了个遍，法国文学她也没有放过。尤其是莫里哀的戏剧，杨绛几乎一部不落地全部读过，也许正是那段读戏剧的经历，给了她日后在剧本创作上的灵感。虽然读书量很大，可她并非入眼不入心。每一本书好在哪里，不好在哪里，她都有着中肯的评价，甚至一本书与另一本书进行比较，孰优孰劣，杨绛也都有着自己的总结与读后感。

这正是杨绛的性格，凡事不仅是为了做而做，只要做了，就一定要研究出一些明堂，否则，与白白浪费时间又有什么两样。

对杨绛来说，读书绝不仅仅是读过而已，她最喜欢的，就是与钱钟书讨论读书之后的感想。只要是钱钟书看的书，她也要看，只不过钱钟书更喜欢读书之后记笔记，而杨绛只是将感想记在了脑子里，随着时间的推移，头脑中曾经的记忆，难免遗忘了一些，但那些经典中的经典，简直就像深深地刻在了脑海里，无论如何也遗忘不了。就像英国桂冠诗人梅斯菲尔德的《沙德·哈克》和《奥德塔》两部小说，杨绛直到步入老年，仍无法忘记书中的气氛。她认为，只有诗人才能写出那样的意境。

读书总是能引发更多的思考，小时候对这个世界充满了无限的好奇，头脑之中总是会不经意地冒出许多奇怪的念头，也许这便是人生最初的懵懂思考。当时光逝去，渐渐长大，书让杨绛对这个世界有了更多的认识。除了文学和剧作，就连与航海和冒险有关的书籍也是她的最爱，甚至连船舶各部的专门名称以及船员的等级名称，她也耳熟能详、信手拈来。

也许思考是成熟的一大标志，在成熟中思考，在思考中收获成熟。衡量人是否成熟的标准便是思想，而空想与思考之间，却隔着远远的一道台阶。

回忆起在国外的时光，读书似乎占据了杨绛的绝大部分时间。白天，她除了上课便是泡在图书馆；晚上，则是阅读中国书籍的时间。出国时，他们从家中带了一箱子的中国旧书，甚至连笔、墨、纸、砚也统统带了出去。两个人想了一个小游戏：比赛谁的书读得多，到了年终结算。也许只有爱书之人才能想出如此不落俗套的游戏，两个人的爱情，也在书本与文字之间渐渐升温。

到了年底，两个人读书的数量竟然大体相当。只不过钱钟书读的都是大部头的著作，杨绛有时会偷个小懒，一本小册子也算一本。在钱钟书面前，杨绛承认自己有些“无赖”，但这是女人在爱人面前才有的特权，哪怕是读书这样充满文化气息的事情，稍微要一些“无赖”的女子，似乎显得更加可爱。

唯美的东西总是能赢得女人的好感和偏爱，杨绛也不例外，她爱诗，不论是中文诗还是外文诗，那唯美的文字让她欲罢不能。她最爱的也是同钱钟书一起谈论诗，他们常常将背诗当做娱乐，只要发现两个人同时忘记某一首诗中的某一个字，那个字便一定是全诗中最不贴切的字。因为杨绛认为，“妥帖的字，有黏性，忘不了”。

认真阅读的女人，总是懂得用心去感悟一些事情。也正是因为善于感悟，杨绛的创作灵感被激发了。当读过了弥尔顿的两篇轻松小诗《沉思颂》和《欢乐颂》之后，她便有所感悟地创作了第一篇散文《阴》。她也曾认为弥尔顿的作品沉闷、不好读，但当沉下心来读进去之后，才发现不仅不沉闷，反而很新鲜。

很多事情往往是这样，开头很难的事情，只要攻破最初的难关，反而会发现后面比任何事情都要容易。只是有些人被这最初的困难吓住，一开始便放弃，时间久了，竟然发现任何事情都没有做成。其实，用有限的生命去追求无限的知识，堪称人生最大的投资。生命可以远去，知识却永远长存。当年华已逝，蓦然回首，会发现那些最宝贵的时光并没有错失。

几十年后回首往事，想起与书为伴的经历，杨绛依然不免感叹：“书的世界真的‘天涯若比邻’”。佛说“三千大千世界”，可书中的境界似乎比大千世界更为广博，过去、现在、未来，包罗万象，足不出户，便已知世界之事。

有人说，爱笑的女人运气不会太差，而爱读书的女人，则一定有着超凡的气质与处事能力。与书为伴的女人，并不一定是为了求取名利，也并非是为了求知猎奇，也许只是为了摆脱俗气，甚至同杨绛一样，是为了拜师访友，在书中练就得随意而优雅、闲适而达观。

与书沟通，是一种明悟。虽然时光如流水般消逝，可书中却永远记录着生命留下的踪迹。读书就如同品一盏浓郁的香茶，抑或饮一杯香气四溢的咖啡，任凭光阴在身旁呼啸而过，心中自留一份宁静致远的心境。

「 第二节 」

不蔓不枝的冷静

都说女人敏感，是因为她们有着纤细的神经，一句不经意的话、一件微小的事情都能触及女人的心灵。更有人说，女人大多冲动，当变故到来之时，总是难掩内心的慌乱，因此处变不惊的女人往往是最有智慧的。

女人从少女走向成熟，开始懂得让那些生命中无法承受的东西，在时间的流逝中被风吹散，用一种微笑的心情去品味花开花落。冷静的女人最可爱，正因为有那冷静背后的一丝理性，才不至于在冲动之下办错事情。

杨绛曾经历过对于知识分子来说堪称屈辱的事情，可她却用一份“怨而不怒”的冷静，将所有的恶言讽刺与残酷对待看得云淡风轻，并在多年以后，用平静的文字将这段不公平的往事娓娓道来，那清淡的语调，似乎是在讲述一件与己无关的事情。

有人说卑微是最好的隐身，刚刚步入老年的杨绛，一下子从众人景仰的知识分子，变成身份最卑微的批斗对象。那一年，钱钟书刚好六十岁，杨绛本打算用一碗寿面为钱钟书庆祝耳顺之年，可还没等到生日，钱钟书便被下放了。杨绛带着女儿和女婿一起为钱钟书送别，可等到她被下放时，女婿已经承受不住迫害而自杀，来为她送别的只有孤零零的女儿圆圆。当火车缓缓驶出站台，女儿的身影消失不见，杨绛的眼泪早已溢满了双眼，她曾用文字这样写道："我又合上眼，让眼泪流进鼻子，流入肚里。"

女人到了一定年纪，曾经得到过许多，也曾经失去过许多，本以为已经到了再也无可失去的年龄，可生命中总是隐藏着一波又一波的暗涌，唯有闭上眼睛，任凭风浪冲刷，平静对待，当再次睁开眼睛的那一刻，才会发现头顶又充满阳光。

只是，杨绛头顶的那片阳光，并没有很快出现。她最初被下放的干校在河南省的息县，她与一同被下放的其他三位女同志住在一间没有窗户的六面泥房子里，后来又搬进副队长家储藏干草和木头的屋子里。屋子中有一个最黑暗潮湿的角落，室友都说，住在那个角落里一定会得病，她们照顾杨绛年岁大，让她第一个挑床位，可杨绛却偏偏挑了那个阴暗潮湿的角落。面对室友们惊讶的神情，杨绛云淡风轻地说："我已六十岁，来日无多了，有病也无妨，你们正年轻呢。"

女人的善良，就如同潺潺的小溪，虽细水长流，却终将汇入大海。杨绛那一句看似平淡的话语，却仿佛一缕清淡的香氛，沁入室友们的心里，回味悠长。这一份善良与冷静，让瘦小的杨绛，在室友们的眼中显得那样高大，无意中播下的一个善因，也在无形中结出了善果。

杨绛下放的息县，当时的路极其难走，每当下雨，道路就变得泥泞不堪，从外面走回住处，总是要摔成一个“泥团”。即便如此，杨绛却从未用自己的年龄做借口，要求搬离这条难走的小路。反而是领导体谅她，想要她搬到离厨房很近的一间房子。可同屋的三个人舍不得杨绛，请她不要搬走，担心换了一个人居住，相处得不如现在融洽，更担心再也不能像现在这样无所顾忌地说话。杨绛曾经对同屋的三个室友说过，要她们随意地聊天，自己带着一个小收音机，她自己听广播，听不见室友说话。面对室友的挽留，杨绛对领导说，自己在这间房子中已经住习惯了，也不怕摔跤，因此拒绝了领导的好意，没有搬家，依然坚持每天走那条难走的小路。

其实，在喧嚣中保留一份冷静，一切的烦心事都会过去。真正的乐趣不在于受到多少追捧，而在于无论外在如何冷落，内心依然热切。心灵宁静的人，总是能比别人品味到生活中更多的甜蜜，因为他们内心高远，却并不琐碎，能将枯燥演绎成恬淡。这便是杨绛用几十年的人生历练总结出的人生信条，这个信条也在她身边形成一层保护罩，让她虽饱经风雨洗礼，却安然无恙。

当他人躁动不安时，杨绛却依然淡然地只愿做自己，她清楚，所谓的各种称呼只不过是别人硬加给自己的标签，她依然是杨绛，那个只喜欢与书为伴的女子。

有一个被称为“刺儿头”的年轻人，曾经狠狠批斗过杨绛，可下放干校后，这名年轻人也面临着从严惩处的危险。“刺儿头”的家中既有老父，又有妻子和两个儿子，没有了他的薪水，一家人都没饭吃。无奈的他找到杨绛借钱，杨绛似乎从未将当年的事情放在心上，只让“刺儿头”给自己留了一个地址，便把钱按照地址寄到他家里。不过，杨绛也并没有忘记凡事谨慎的道理，她叮嘱“刺儿头”

不要把这件事说出去，如果一旦被发现，自己就再也没办法帮助他了。

杨绛对这件事一直守口如瓶，就连钱钟书也没有告诉。可这个年轻人在一次审讯时被打急了，险些供出杨绛。室友们都为杨绛担心，可杨绛却偏偏异常冷静，她早已打定主意，如果问到她，就坚决不承认，谁又能证明自己借过钱给“刺儿头”。室友们都为杨绛的冷静所折服，别人遇到这种事，都会只求自保，哪有人会像杨绛那样，不顾个人的安危去帮助别人。

后来，“刺儿头”的妻子病重，他回家探亲之前，杨绛还借给他一百元钱，而她这次下干校一共才带了一百五十元钱。“刺儿头”回到干校后，杨绛还主动关心他妻子的病情。可“刺儿头”却误会杨绛是要他还钱，对她的态度很冷淡。杨绛却又从自己剩下的五十元钱里拿出四十元，让“刺儿头”寄回家去给妻子吃药补养。此举让“刺儿头”惭愧不已，杨绛的行为彻底让他感动了，他写了一个大大的“人”字压在了办公桌的玻璃下面，他说是杨绛教会了他什么是人、怎么做人。

生活在同一个世界，一样的眼睛，却总是培养出不一样的处事能力。同一件事，各人有各人的看法，出发点不同，处理事情的方式便不同，造成的结果更是千差万别。人的困扰大多是自己造成的，如若像杨绛一样时常站在对方的角度思考，给人以热情，也许世间根本就不存在所谓的仇恨。

许多时候，过多的言语并不能带来好的结果。杨绛懂得这个道理，因此宁愿被误会，也不愿过多解释。一滴墨可以污染一杯水，却难以浑浊整条河，忍耐别人的缺点，宽容对待他人的误会，心绪自然平静。如果总是执着于某件事情而难以释怀，最终也不过是委屈了自己。学会让步与释然，用忍耐换取一世的风平浪静，日久自然见人心。

帮助“刺儿头”，并不是杨绛在干校里唯一做的好事。曾经有一个年轻人，脚上被扎了一个血肉模糊的洞，杨绛看了就心疼，不在乎他的脚脏兮兮的，直接捧过来放在自己腿上，为他清洗、敷药、包扎，这一举动让年轻人将杨绛当做真正的好朋友，更加信任她。

在再苦的生活环境中，杨绛也有着难得的“大方”。她每天把钱钟书买给她的牛奶糖装满口袋，只要见到在干校里干活的人，就给上几块，她自己却很难得吃上一块。室友张佩芬也时常会把自己从上海买来的糖送给她，她却舍不得吃，总是偷偷留给钱钟书。

领导们对杨绛的大方反而看不顺眼，总是不点名地批评她，说有些人乱搞“人道主义”，这人塞几块糖，那人塞几块糖。面对领导的冷言冷语，杨绛丝毫不在意，这并不是她第一次因“人道主义”而受批评，可她却深信，“人道主义”代表的是温暖，也代表着人性，不提倡人性，难道要提倡“兽性”不成？

人在一生总是要遇到形形色色的人，也要经历形形色色的事，如果一切行为都由别人的语言和评价左右，那与一个没有灵魂的空壳又有什么区别？

发扬“人道主义”时，杨绛从不挑选对象，更不会考虑对方是否做过对自己不利的事情。在难友被批斗之前，杨绛教他晚饭少吃一口，挨批斗时嘴里含一块人参，可以保持头脑清醒；在踩泥坯盖房子时，她又教另一位难友，带上一条毛巾和袜子，踩完泥换上袜子可以避免受凉。她帮助的这些人，许多都曾经欺负过她，甚至看不起她。有人说杨绛是“糊涂好心人”，听到这样的评价，她却只是笑笑，依然不计前嫌地以德报怨，这是“人道主义者”对人性弱点最大的理解与宽容。

“人道主义”发扬多了，总有收到回报的一天。当杨绛被分配去麦田除草时，男同志一人管四行，女同志一人管两行，队长照顾杨绛年纪大，只让她负责一行。可两位年轻力壮的年轻人却偷偷告诉杨绛，要她一行也别管，他们来帮她做，只留几根“毛毛”给她交差。看着同伴在前面如同一阵风一般干活，杨绛捡着他们留给自己的“毛毛”，心中有说不出的感激。

菜园班的班长也对杨绛非常照顾，为了不让她干活，就派她去看菜园，而钱钟书的宿舍就在菜园旁边不远的地方，走路也不过十几分钟。钱钟书在那边负责看守工具，班长就常常派杨绛去找钱钟书借工具，用完了再派杨绛去还，特意为他们创造见面的机会。

笑看生活的刁难，暗处也能开出明媚的花朵。人生的河水不会永远平静，时常隐藏着波涛。用不枝不蔓的冷静为自己的航向掌舵，忽略耳畔一切想要主宰自己的声音，用宽容去对待这个世界，自然会收获一份坦然。

人生之路从不平坦，世事也永远不如想象中那般完美，持一份内心的淡泊，接受世间所有的是与不是，再多的风雨也不过是对心灵的一种洗涤。残缺中依然可以发现美，失败中依然可以寻找到生机。

「第三节」

黑暗中生长出信念

人生的每一天都有白天和黑夜，只不过人无法决定日出和日落的时间，我们很容易爱上灿烂的阳光，却憎恶让内心无比纠结的黑夜。人们总是担心原本照耀在自己身上的太阳一旦落下，便不肯再升起，其实即便是生活在黑夜里，也总是能找到一些东西来代替太阳，哪怕不如太阳那般明亮，却能让黑夜不再黑暗，这份光亮就是信念。

懂得苦中作乐、悲里寻欢，这一切都是杨绛的精神境界使然。那段时光，杨绛与大多数知识分子一样，被丢弃在穷乡僻壤，进行艰苦的劳动锻炼，可每当回忆起来，杨绛却总是能从伤感与愤怒的情绪中跳脱出来，不得不说这是一种智慧，更是一种性格的力量。透过荒谬和苦难，坚守自己的真理，传递善良和乐观，这是她毕生的信仰，更是在黑暗之中滋生出的一种信念。

她能以最冷静的姿态平稳度过并不美好的光阴，是因为她心中有爱。心中有爱的人，即使是在最黑暗的日子里，也总是能找到头顶的一片光亮。

杨绛曾经与一伙老知识分子一同下乡锻炼，钱钟书想念杨绛，更心疼她，每天她都能收到一封钱钟书的信，密密麻麻的文字里饱含着绵绵的情意。一同下放的人，一两个星期才能收到一封家信，甚至有人从始至终也没有收到过一封信，唯有杨绛，每天都能在文字中感受到爱人从远方传递来的真心。她认为，这是钱钟书一辈子写得最好的情书，就像钱钟书自己写的那样："'以离思而论，行者每不如居者之笃'，'惆怅独归，其情更凄戚与踽凉长往也'。"

每一封信都是杨绛的宝贝，她总是反复读上好多遍也舍不得丢掉，都收藏在衣袋里。衣服的每个口袋都被钱钟书的信塞得鼓鼓囊囊的，后来连行动都不方便了。她只好把所有的信都拿出来，藏进提包里，身上轻了，心却重了。虽然信中写的只是一些嘘寒问暖的话语，可她担心这些信会成为别人无中生有的借口。

信越攒越多，到后来甚至无处可藏，杨绛只好狠下心来，在公社的泥地上，将所有信件付之一炬。每当回忆起那些宝贵的信件，杨绛总是感到心疼，可在那时她也只能安慰自己说，如果留下了，也许会招来更大的祸端。

一切的爱都在心中，哪怕是书写在纸上的"爱的证据"荡然无存，那铭刻在心中的点点滴滴仍然是她一辈子的财富。

一次又一次地下乡接受社会主义教育，瘦小柔弱的杨绛吃了不少苦。再没有人向她提供帮助，所有的行李她都要自己来提。虽然行李已经减少到不能再少，可走到半路，杨绛就已经筋疲力尽。男同志力气大，走得快，杨绛被远远地甩在后面，根本跟不上。可她又不能停在半路上，只能拼命往前赶，等到赶到人民公社，她累得几乎丢掉半条命。

在乡下，杨绛每天拿着一根木棍，跟着公社的老大妈们一块砸玉米棒子，将玉米粒全部敲落下来，然后再推着独轮车运送秫秸杂草。瘦小的她也学会了推独轮车，能把秫秸堆得比自己的脑袋还高。她学东西向来就比别人快，推独轮车时，走得非常稳，无论是上坡、下坡还是拐弯，独轮车从不翻倒。只不过，每天脚跟都非常用力，常常把袜跟磨破，露出脚后跟。

活儿干得多，饭却吃得不好。乡下每天的餐桌上不是玉米碴，就是窝窝头和白薯，吃了一个月后，杨绛在梦里都能梦到荷包蛋，可是在梦里她却没有吃，她心中怀念的是钱钟书亲手为她做的牛奶和红茶。好不容易吃上一次白米饭，一向饭量不大的杨绛竟然一连吃了两碗，她觉得自己一辈子都没有吃过那么香软的白米饭。

人生的滋味有千百种，苦涩当中的一点点甜蜜会让人倍加珍惜。那两碗白米饭，始终让杨绛感受到无穷的力量。人生并非只有享受，黑暗也是人生的一部分，接受生命赐予的所有，坦然面对生活中的人和事，不抱怨，不摒弃，这才是豁达从容的人生。

吃得不好，住的条件也自不必说。杨绛和女伴曾经在工人大嫂家住过几天，那里有热炕，不至于受冻，可没过几天，工人回家，她和女伴只能连夜搬到一间满是灰尘的空屋里，在冷冰冰的炕上住了一夜。后来又搬到公社的缝纫室，里面只有一张竹榻，在上面再架上一块木板，就算做上铺。女伴说自己身体重，爬不上去，杨绛就义不容辞地睡到上铺。每次扶着墙爬上床，躺下后就只能一动不动，否则就会滚下来。一段时间之后，杨绛又搬到托儿所的暖炕上住，早上起来要把铺盖卷好摆在里面，托儿所的孩子们就在炕上玩要，她们的铺盖还曾经不知被哪家的孩子尿湿过。

再苦的生活条件，杨绛都能咬牙忍耐。吃和住，对她来说都可以对付，可如厕却成了一大难关。乡下的茅房，只是用秫秸围住一个粪坑，下面又大又满，全都被村民储藏起来当做肥料。粪坑上搭着两个又窄又滑的木板，每次踩在木板上，杨绛都觉得会一不小心滑下去。每次如厕她都战战兢兢，生怕掉进去。到了晚上，这样的茅房是无论如何不敢进的，她们只好结伴蹲在墙根下解决。

最让杨绛难忘的是一次半夜闹肚子，那一天白天，她吃了半碗绿豆粉做的面条，到了夜里，肚子疼痛难忍。可黑灯瞎火的，要走上半条街才能走到茅房，那时她还住在木板搭成的上铺上，她怕吵到女伴，悄悄地爬下床，带上手电出门，可一个人出门实在害怕，她想要女伴陪伴，可又不忍心吵醒熟睡的她，只好一个人摸索着走到大厅，可没想到大厅的门紧锁着，杨绛一下子就失了方向，借着微弱的月光穿过一个又一个的院子，直到走到一个没人居住的院落，院里落满了叶子，急中生智的她想到了猫儿，于是找到一片碎瓦，在地上刨了个坑，方便完了之后盖上土，再用落叶铺平，总算是解决了半夜闹肚子的难题。等到她回到住处爬上床铺，女伴一点都没发觉。

生活总是在变，以好与坏各占一半的概率，也许有人会认为在无尽的黑夜里等待虚幻的黎明根本就没有意义，可杨绛偏偏对生活保持着最初的执着和信念，她相信，无论是否愿意接受，好与坏终将到来，不如坦然面对，再坏的事情也无需刻意规避。

在乡下接受劳动锻炼的日子，只是为无尽的黑暗拉起了一个短暂的序幕，1966 年的那场浩劫，彻底将杨绛抛入了深不见底的深渊。那时她正在翻译《堂吉诃德》，却忽然毫无征兆地被迫要求交出全部译稿，而且当天晚上她就在宿舍大院被剃光了半个头，顶着“阴阳头”在宿舍大院里接受批斗。

没有女人不在意自己的容貌，头发被弄成这个样子，就连钱钟书都替杨绛着急，可杨绛却平静得很，她顾不上忧伤，只是在冥思苦想该怎么改变一下自己的“形象”。终于，在一次回家时，杨绛灵机一动，想起女儿圆圆几年前曾经剪下两条大辫子，至今还收藏在柜子里。她赶忙回到家中，找到一只掉了耳朵的小锅当楦头，又用钱钟书的帽子做底，将圆圆的辫子解开，把头发分成小股，再一小股一小股地缝上去。足足花了一晚上的时间，她为自己做了一顶假发，只要出门，就戴着这顶假发。

她愿意做一个乐观的人，妥善应对一切突如其来的变化，而不是在困境面前悲观低沉。杨绛总是有着乐观者的智慧，让她永远不会像悲观者那样萎靡不前，无法成功。

杨绛遭受的惩罚决不仅仅是剃“阴阳头”那么简单，这是心灵上的伤害，而身体上的惩罚就是劳动。杨绛的劳动任务是收拾办公楼的两间女厕所，可她不仅不觉得这是对自己的侮辱，反而觉得是一种生活的历练。

她自己准备了小刀和小铲子等工具，还用毛竹筷和布条自制成拖把，打扫时还带上肥皂、去污粉、毛巾和大小不一的脸盆。一切工具准备妥当，她就专心埋头打扫，擦洗得无比仔细。还不到十天，瓷坑和洗手盆上一层又一层的污垢，就被她一点一点铲掉，变得雪白锃亮，好像从来没有使用过一样。原本脏污不堪的厕所竟然被她打扫得焕然一新，就连门窗和地板也擦洗得干干净净，甚至连水箱上的拉链都没有一点灰尘。每天她还要定时打开厕所的窗户，让空气流动，带走厕所中的异味，里面的清洁程度简直和家里没什么区别，所有进来如厕的女同志都对杨绛充满了敬重之情。

逆境可以映射人的一生。杨绛虽已不再年轻，却依然不会轻易选择放弃和悲观，她让自己的价值与毅力捆绑在一起，渐渐升华。

虽身处黑暗，倒霉的事情时有发生，杨绛却从未让自己的幽默感和同情心消失殆尽。她用自己智慧的双眼，守望着黎明出现的那一天。在面对不幸时，她不仅从不曾对生活绝望，反而更增添了一份自信，甚至对老天曾经赐予自己困难表示感谢。

「第四节」

心素如莲，人淡如菊

如果说干脆洒脱是女人个性的精华，那平静从容则是女人内心的涵养。能够在平淡的岁月中刻意捡寻一抹诗意，无论春夏秋冬，用文静与素雅将自己熏染得如同莲花般脱俗、菊花般清淡，这样的女人会比花朵更加安静美丽。

用清幽的内心换取外在的宁静，任何事情似乎都可以宽容对待，不得不说这是一种美。杨绛是美的，无论岁月在当年那个如花小囡的脸上刻下多少痕迹，她依然从未在人群之中迷失自己，从不妄自菲薄，更不骄傲自大。谦卑中带着些许傲气，将人生牢牢地掌控在自己的手中。

杨绛曾说“我是一个零”，可如此低调的睿智，总是能让“零”这个数字，比其他数字更强大。自幼在江南长大的杨绛，举手投足间总有一种莲花般的优雅，即便是在病中，她也从不容许自己活得邋遢。为了让杨绛有一个更好的养病环境，钱钟书决定回清华执教。刚回到清华时，杨绛的身体很虚弱，连在校园里走一走的力气都没有，不管想去哪，都需要坐人力车。

20 世纪 50 年代的北京，列宁服在女同志中间成了潮流服装，人人都穿着灰色布衣长裤，胸前两排扣子，腰里扎一根布带。只有杨绛不落俗套，每天依然穿着她的上海旗袍，乘坐人力车时，还要撑一把小阳伞。并非是她故作姿态，而是她懂得什么是美，也从不羞于展示自己的美。

杨绛的装扮，在清华校园里成了一道独特的风景。有人在旁边默默欣赏，也有人在背地里说三道四。一次杨绛刚刚收起阳伞走下人力车，一位夫人走过来拿起她的小阳伞，用夸张的语气问：“这是什么东西呀？”杨绛知道她是想揶揄自己，只是笑笑，没有回答。

有时，面对他人的非议确实无需用言语反击，平静地一笑，反而比任何话语更有力量。就如同中国功夫中的太极，用四两拨千斤的力道，便能将一切非议化为无形。

学校在“三反运动”中每天都召开“忠诚老实”会议，会议结束后就是评定每个人的薪资，薪资值多少斤小米由自己报数，再由大家评议。杨绛为自己报上的斤数很少，这并未给她赢得任何美名，同事们反而说她有“散工思想”，不愿意当专任教师，只愿意当“散工”，宁可工资拿得低一些，也不愿意为国家服务。

最终评定的结果是，杨绛的薪资是六百五十斤小米。在当年，这是一个很少的数字，杨绛却已满足。不愿事事都得头筹，只愿平静地做一个真实的自己，又有什么不好？用淡淡的笔墨去勾勒生活中一些素简的画面，虽不雅致，倒也足以一乐。

清华大学在“三反运动”中与多所大学合并，杨绛觉得现在的清华再也不是从前的清华，她最擅长的文学已经成为学生最不热衷的科目，她开始潜心研究语法，打算只教基础英语。不久之后，她与钱钟书一同被调进文学研究所，那种感觉就像被逐出了清华。可经历过一场运动，教师们已经害怕教书，被调进文学研究所就意味着不用教书，大家反而都很羡慕他们。

人们总是对幸福高谈阔论，却很少有人知道幸福到底是什么模样。有些事情看似吃亏，实则隐藏着大大的福气。愚者认为幸福是那样遥不可及，智者却认为幸福随处可得。

1952 年的秋天，所有正在准备搬家的教师都带着被赶出清华的失落情绪，杨绛也夹杂在准备搬家的众人当中。钱钟书还有其他工作，没办法和她一起搬家，只有家中的保姆郭妈帮杨绛一起从家里把东西一件一件搬到车上，两个人手脚麻利地就把家从清华园搬到了文学研究所的平房里。

心静之人，再荒凉的场景都能看出景色来。文学研究所的平房门前有个小院，杨绛亲手在院中种了五棵柳树，为灰白的画面点缀出丝丝绿意。她努力地用双手创造着那些可以实现的美好，至于那些自己无法左右的事情，她从不去争抢，任凭花开花落，属于自己的终会得到，不属于自己的也不去强求。

杨绛与钱钟书在研究所的薪资都不高，她被评定为三级研究员，薪资只有六百五十斤小米，钱钟书虽比她高一级，但也只有七百斤小米。所有的薪资评定都由文研所的副所长何其芳一人说了算，曾与杨绛同级别的其他研究员，薪资都比钱钟书高一些，而杨绛一直到退休，也依然是三级研究员的身份，几十年都未曾变过。

所有的一切都不能让杨绛在意，当年她和钱钟书决定留在大陆为祖国效力，就已经知道注定要过着粗茶淡饭的生活，也做好了坐冷板凳的心理准备。她认为，领导喜欢提拔自己的熟人是合情合理的，她只安心做好自己的工作，服服帖帖地听任领导调遣就好。

真正纯净的心灵才是神圣的，如果心中被各种永不满足的欲望填满，一颗曾经明镜般的心便如同落满了尘埃。可她偏偏不肯随波逐流，硬是看轻一切欲望，在无欲无求中找到自己真正想要的快乐和幸福。

自从 1952 年被分配到文学研究所外国文学研究组，杨绛就再也没有离开，无论文研所的归属如何变动，她始终留在原地。她曾笑着总结自己在文研所的经历："二十五年间，我是一个零。我开始有点困惑，后来觉得很自在，所以改革开放以后，还自觉自愿地把自己收敛为一个零。"

最初来到文学研究所，杨绛和钱钟书有着"反动教授"的身份。所里一共有四名反动教授，他们夫妇就占了一半的名额。没人看得起他们，也少有人主动搭理杨绛。杨绛所在的外文组又分成若干个小组，却没有一个小组愿意接纳她。她最初以为只是因为"重男轻女"，可后来渐渐发现，许多女副所长只是"副研"的级别，而杨绛虽然身为"正研"，却什么好事都没有她的份。她渐渐明白，也许是因为自己不是党员的关系吧，在领导的心目中，她和钱钟书都是"外人"。

在 1953 年的第二次全国文艺工作者代表大会上，文学研究所的全体研究员都是大会代表，只有杨绛和钱钟书不是。外文组曾经集体编写《西洋文学史》，也只有杨绛一人没有被批准参与。

杨绛仿佛披上了"隐身衣"，谁也看不到她的存在，她也安静得不闻不问。她也有着一点小小的"私心"，希望加入现代组，因为可以读到新出的书。可听到她的申请，现代组的副组长夏森让她写个报告，其实也不打算要她。写过一两次报告之后，杨绛终于认清了现实，便不再写下去了，只要能让她读书，她就没有其他的要求了。

在团体之中遭受排挤，无疑是对精神世界的一种蚕食，可只要心灵纯净，就是自由的王者。一切的欲望不过是禁锢精神世界的枷锁，任何人口中的言语，都成为不了真正的你。这是披上“隐身衣”的作用，更是作为一个“零”的最高境界。

平淡的生活，简单中也充满着乐趣。淡是杨绛的生活态度，有人喜欢生活充满浓浓的味道，而杨绛却偏偏喜欢淡。她把生活过得如同家乡的清粥小菜，味道虽不浓郁，却充满回甘，无比香甜。

杨绛虽然并没有参与太多的工作，却觉得自己似乎浑身都是错，就连已经翻译一半的 Gil Blas 也险些被终止。文学研究所与人民文学出版社合作出版了三套丛书，所里的全部研究员都是编辑委员，钱钟书也是编委之一，又只有杨绛一个人不是。编委们每次开会，都能到同和居吃上一顿酒席一样的晚饭，每次听着钱钟书夸奖同和居的饭菜好吃，杨绛只能在心里默默地羡慕，因为整个研究所只有她一个人与美食无缘。

编委和美食都没有杨绛的份，可得罪人的事却总是找上她。组里让她负责审稿，每次作者、译者与责任编辑意见不一致，僵持不下时，总是要找杨绛来仲裁。这是一项两面不讨好的工作，不仅繁琐，而且一不小心就会得罪双方。如果发现错误不指出来，人家会说她不负责任瞎了眼；如果指出错误，则容易得罪专家。好在，凭借智慧，杨绛的每一次仲裁都让双方服帖，这是极其难得的。

像参加文娱活动这样的事，自然也没有杨绛的份。每次所里发戏票，钱钟书总是能得到一张，可杨绛不能去，钱钟书自然也不会去。直到多年以后，杨绛终于得到一张没人愿意要的国庆观礼末等票，她如获至宝，特地打扮了一下，想要去长长见识。可惜，末等票的位置太靠后，瘦小的她只能看到别人的后脑勺。

虽然处处遭受冷落，可分配给她的工作，杨绛却从来不敢怠慢。每一次的翻译，她都仔细制订计划，按时完成。翻译之后还要请钱钟书帮她校对，如果有钱钟书觉得不好的地方，她再重新翻译一遍，再誊写到稿纸上。有时计划定得太紧，来不及完成，她每天赶工作赶得面无人色，连女儿都觉得她可怜。可是工作成果按时交上去之后，人家只夸译文好，依然看不起她。

最让杨绛感到委屈的是，每当按时完成工作之后，旁边便会响起冷言冷语，说她之所以能按时完成工作，是因为她什么事都不管，别人都在忙着开会和搞“运动”，只有她一个人能按时完成工作。

也许，无论生活或是工作，杨绛都不算是最好的那一个，可她却始终保留着一颗真挚而善良的心。不论现实是丑陋或美丽，她依然不骄不躁、心平气和，怀着一颗坦然自若的心，以平易近人的姿态，对待身边的每一个人。

杨绛和钱钟书的住所一搬再搬，最后搬到了一个大杂院里。杨绛和院里的每家人都走得很近，尤其喜欢孩子，孩子们也喜欢她，她总是得意地说:“我在上层是个零，和下层关系亲密。”

在邻居们眼中，杨绛的心是一滴透明的水珠，入眼，清洁平淡，入心，温婉清新。再美丽的容颜也终将在岁月流逝中渐渐衰老，唯有一颗如莲如菊般素雅的心，无论时光怎样流逝，依然保持着最初的模样，她仿佛将平淡当成自己安身立命的处所，在淡淡的微风中自由自在地徜徉。

第六章

灵魂里的书香墨意

「 第一节 」

文字萦绕间的安静与祥和

生活中本来就应该处处萦绕着温暖，一个人是否幸福完全取决于自己的心境，不去要求太多，你才能在不疾不徐的日子里有一些意外的收获。安静地品尝文字的唯美与意境，也是生活对我们美好的馈赠。

杨绛喜欢安静地读书写字，也是文字让她变得从容。她很少抱怨，也不会轻易对某件事情心灰意冷。她更希望生活中的每一天都是温暖的，宁愿每天都能徜徉在美好的文字中，让日子在平凡中一点一滴地演绎成传奇。

她喜欢读书，也喜欢游历。可钱钟书不喜欢四处游玩，两人唯一的一次游玩，还是在清华读书时，钱钟书在杨绛的带领下游览了一次北京名胜。在牛津留学期间，两人的活动便仅剩下与文字为伴。

牛津大学的假期非常多，赶上假期，同学们不是回家探亲便是抓紧一切时间到各地游览名胜，杨绛和钱钟书却把所有的时间都花在图书馆里。学校的图书馆读遍了，就到市里的图书馆去读，那里的藏书比学校更加丰富，图书还可以借回家阅读，限期两个星期归还。两个星期的时间，对两个书虫来说简直太宽裕了，他们往往不到两个星期便要跑一次图书馆。

无论多长的假期，杨绛也不愁无聊。她从来不缺书读，除了图书馆和从家里带来的书之外，朋友们还时常从国内寄来新出的书给她，同在英国留学的朋友也会送给她一些书籍。实在没有书读的时候，两个人就去书店站在书架旁边随意阅读，书店也从不会赶他们走。

晚上没事的时候，杨绛就和钱钟书一同出门“探险”。所谓探险，也不过是随便散散步，专去没去过的地方，边走边玩，总能找到一些新的发现。牛津是个安静的小城，有着浓浓的人情味。两个人的脚步踏遍了公园、教堂、闹市和店铺。散步回家之后，杨绛便拉上窗帘，依然和钱钟书对坐读书。

安静的生活里处处环绕着自由的氛围，别人忙着在灯红酒绿的世界里体验花花世界的美妙，她却宁愿在书本的世界里静观世事的变幻。人们总是觉得在热闹中可以找到更多的欢声笑语，其实，安静地生活，过平常日子，守候淡泊的岁月，即便是坐在窗边看着云朵发呆，也是一种幸福。

杨绛的生活里并不只有书籍，也并不是除了钱钟书之外就没有朋友，他们也常会与同学和老师们聚会喝下午茶。喝茶也是一种艺术，先把茶壶温过，每人放上满满的一茶匙茶叶，茶壶里也放上一茶匙，一次次地加水，茶总是悠香浓郁的。

文字与茶香之间，女人的韵味在其中缓缓升腾。“从来佳茗似佳人”，杨绛就是那种如茶的女人，不算最漂亮，但优雅的举止与温柔的话语总是让人赏心悦目。人们在她那超然的含蓄面前，可以获得片刻的宁静，也许这才是真正的魅力。

每天早晨，钱钟书都要喝上一大杯牛奶红茶，他将这养成了习惯，一生都没有改变。后来回到国内，买不到印度出产的“立普登”红茶，这种茶以茶香、茶色和茶味而著称，杨绛就将三种上好的红茶掺在一起，取滇红的香、湖红的苦、祁红的色，竟然也不逊色于“立普登”红茶。每当看到配好的三合红茶叶，杨绛便能想起当年在英国那一段无比快乐的日子。

无论在任何年代，杨绛总是能用安宁深沉为自己找到一个专属的心灵港湾，在氤氲的书香与茶香中，永远留存着最温馨、最幽静的记忆。

初到牛津的那一年，并没有太多家务要做，杨绛就每天抽时间来练字。她从国内带来了笔墨，却没有适合写毛笔字的纸，她就在房东送给她的餐巾纸上练字。她喜欢临摹麓山寺碑帖，外国朋友来访时，见到她的字，也对她无比欣赏。

虽然爱书爱得不行，可杨绛也时刻考虑着两人在国外的花销。她负责管钱，每次遇见忍不住要买的好书，可是剩下的钱又不多了，她便对钱钟书说等下次再买。可经常是等到了“下次”，书却卖完了，钱钟书曾经在日记中抱怨杨绛：“妇言不可听”，杨绛也为错失了买到好书的机会而遗憾，可她也只能安慰自己，书买多了，恐怕也带不回国内。

生活因遗憾而美丽，对杨绛来说，喜欢的东西未必一定要拥有，尤其是像书这样宝贝的东西，因为没得到，她反而更加惦念，当将来的某一天重新得到时，就觉得更加珍贵。懂得了遗憾背后的美，生命里也就少了遗憾带来的难过。

安静的生活，总能滋养出别样的甜蜜。杨绛在英国租住的寓所伙食越来越差，她便悄悄地寻觅到一处更好的住所。搬家那天两个人都累到不行，入住新居的第一天，杨绛一觉睡了好久，第二天早晨醒来，发现钱钟书竟然烤了面包，热了牛奶，煮了鸡蛋，冲了香浓的红茶，还准备了黄油、果酱、蜂蜜，全部放在带脚的托盘里，端到床头让她享用。她从没想过一向笨手笨脚的钱钟书还能做出如此丰富的早餐，简直又惊又喜。她对钱钟书做的早餐赞不绝口，于是两人的早餐从此便由钱钟书专门打理，渐渐地，竟然形成了传统，一直持续到老。

对杨绛来说，搬家带来的最大方便是多了一个读书的房间。她很爱惜时间，从不允许时间白白地从指缝中溜走。以前只有一个房间，家里如果来了客人，她就不方便在一旁读书，只能安静地在旁边陪坐。如今，她只需要招呼一下客人，就可以到另一间房间里读书，既不打扰钱钟书与客人谈话，也不会让几个小时的读书时间就这样白白牺牲。

杨绛夫妇向来有好人缘，同学们都喜欢到他们家里来做客，或是一起做功课。司徒亚是常客，他常常拉着钱钟书和杨绛一起学习古文书学。杨绛拿出一只挖耳勺，用尖头点着书上的字母，一个一个辨认从古到今的变形。她认古文认得准，在她的帮助下，司徒亚和钱钟书最头疼的一门功课也大有长进。

杨绛常说，在牛津的第一年是她读书最用功的一年，也是她平生最轻松快乐的一年，每当看到当年在牛津租住的房子的照片时，她仍能感受到当年的快乐。

安静就是一种幸福，是对待生活浅浅的姿态。偶尔闭上眼睛沉思，任思绪沉静地游走，是对未来默默的期待。

法国文学向来是杨绛的最爱，借着一次去法国开会的机会，她和钱钟书便办好了巴黎大学的入学手续。回到牛津之后，两个人已经有了“双重身份”，既是牛津的学生，也是巴黎的学生。结束了牛津的学业，他们的女儿圆圆也已经出生，一家三口提上全部行囊，从英国来到法国，开始了又一轮学习生涯。

巴黎大学的历史比牛津大学更加悠久，创办时间更是早了一个世纪，不过学校的管理风格却比牛津更加自由。即便如此，杨绛也丝毫不敢在读书上有所松懈。可是渐渐地，她发现，如果为了修得一个学位而浪费了很多读书的时间，这很不值得，为了学一些不必要的功课，许多想读的书只好放弃，钱钟书也为这件事情苦恼不已。两人商量之后决定，继续在巴黎大学学习，但不必刻意去修学位，只要按照各自的课程读书就好。

人的一生总要舍弃很多事情，可是总有人手中攥着太多东西，生怕一不小心就会让已经得到的东西滑落。可是攥得太紧，反而容易一无所有，只留下无尽的懊悔和无法弥补的过去。舍弃却不一定代表着悲哀，舍弃一些，反而有可能得到更多，读懂了“舍得”，也就读懂了人生。

除了上课，杨绛最大的爱好依然是读书。白天，她与钱钟书相约去咖啡馆中坐一会，在人多的地方感受一下法国的语言氛围，或者一起逛逛旧书摊，晚上没有其他活动，一定是回到公寓里继续读书。与在牛津的两年相比，在法国的那一年反而是最恣意读书的一年，她和钱钟书一起读福楼拜的《包法利夫人》，最初书上的许多生字都不认识，两个人就比着学习法文，渐渐地，看法文书越来越轻松自如。

他们居住的法国公寓供应饭食，可是法国菜出了名的慢，一道一道上菜，在杨绛看来简直太浪费时间，一顿饭要吃上两个小时，有这个闲工夫还不如用来看书，所以她干脆自己做饭。

女儿圆圆渐渐长大，她也受了妈妈的影响，最爱读书。杨绛为女儿买了一本高登和一本丁尼生的全集，书很大，字却很小，没有人爱买这样的书，因为便宜杨绛才买了下来。圆圆喜欢得不得了，每天坐在高凳上，将大书摊在面前，手里拿着一支铅笔，学着父母的模样，一边看书，一边在上面乱画。父母看书时，圆圆从来不打扰，就安安静静地坐在一旁，边看边画。

杨绛喜欢巴黎的静美，她本可以在那里多待上一段时间，可是祖国的战争已经爆发，日本将中国当做了侵略的对象，她和钱钟书无法容忍日本的铁蹄践踏祖国的大好河山，愿意放弃现有的一切，回到祖国，为祖国做一些事情。于是，他们中断了在巴黎的学业，匆匆回到阔别已久的祖国。

这并不是一次简单的旅程，而是一场生命中不断完善自我的旅行。舍弃了在欧洲风轻云淡的优雅生活，意味着将回到那个战火纷飞的现实世界，可她偏偏敢于放弃已经到手的安稳，不得不说，这是一种勇气。

「 第二节 」

优雅不是包装，而是阅历

人的美丽并不只在于容颜，而在于生活中的种种阅历是否让人变得坚强而优雅。那是一种无法伪装的韵味，是岁月的沉淀，它不会像容颜那样随着时光渐渐衰老，反而会让灵魂越来越动人。

经历过酸甜苦辣，才算是经历过真实的生活。虽然杨绛从小并没有吃过太多苦，可父亲的谆谆教导和母亲的言传身教，让她从来不因生活中任何的琐事而矫情。怀孕时，害喜让杨绛遭了不少罪，可面对这种幸福的“折磨”，她只是咬咬牙，面带笑容地挺了过去。

杨绛是在去巴黎开会时发现自己怀孕的，会议结束后，在从巴黎回到牛津的火车上，她开始害喜。用家乡无锡的话说，这叫“病儿”，在车厢里，火车的摇晃让她头晕难耐，脸色非常难看，她只是默默忍着，不像其他刚怀孕的孕妇那样喜欢折腾别人。

在外国人眼中，梳着娃娃头的杨绛更像一个中国小女孩，同车厢的加拿大女代表心疼她，让她躺在自己的膝盖上，还把大手帕用水打湿，放在她的额头上，冰冰的，很舒服。在杨绛看来，怀孕是一件幸福的事情，但也绝不是什么了不起的事情。怀孕的女人并不是什么都不能做，她依然像从前那样用功读书，只有在妊娠反应最强烈的时候，才会多少减慢一些读书的进程。怀孕的那一年，她年底时总结了一下当年的读书量，确实比往年少了一些，可她从没因自己怀孕而耽误钱钟书的学习与论文写作。只要钱钟书偶尔帮她分担一下家务，在她耳边说一些“痴话”，她就觉得人世间最幸福的事情莫过于此。

用顽皮的心态去看待生活，心中就会时刻洋溢着美好的兴味。杨绛总是能把生活中或大或小的痛苦融化成诗情画意，仿佛生命中的一切美好，都时刻与她同在。

到了预产期，孩子却迟迟没有出生，直到预产期过了一周之后，杨绛才有了分娩的迹象。当阵痛来袭时，她并没有慌乱，不仅躺着看完了一本小说，还喝了午茶。虽然阵痛越来越频繁，可孩子还是没有出生的迹象。医生给杨绛打了一针，睡了一晚之后，总算到了分娩的时刻。可杨绛体弱，力气小，用尽了全身的力气也没法让婴儿出生，医生没办法，只好给她用了全身麻醉，用产钳把孩子夹了出来。等杨绛醒过来时，发现自己反而被包裹得像个婴儿，全身都紧紧的，脚跟位置还放了一个热水袋，稍微动一下，全身就像骨头被拆散了一样疼。

麻药让杨绛断断续续地昏睡了一天。别人生完孩子，在医院住上一星期就会出院，杨绛却因为体弱和难产，在医院住了三周。她从未因生孩子而“强迫”钱钟书为自己做这做那，在医院休养期间，她几乎没有闲着，和护士学会了给婴儿洗澡、穿衣服、换尿布，所有照顾孩子的事情，她都一手“包办”。她轻手轻脚地完成着每一个照顾婴儿的动作，这些在别人眼中一项项繁琐的事情，似乎被她演绎成一门艺术。在外国护士们看来，这个刚刚生完孩子的中国“小姑娘”是那样的美丽。

美丽是上天的恩赐，优雅则是后天的修养。杨绛把生活中的每一次磨炼都看做修养的机会，生活中的一点一滴被她凝聚成个人的魅力，这份魅力让她受人欢迎、受人尊敬，她能为别人带来欢乐愉悦，也能给自己带来安详平和。

如果说生下女儿圆圆，只是身体上遭受了一些折磨，那最初从法国回到中国的日子里，杨绛却是面对着身体、居住环境、生活条件三重困难。

在上海，杨绛住在一所临街的三层弄堂房子里。三层的大房间和二层与三层中间的亭子间里，住着钱钟书的叔叔一家，钱钟书的母亲带着钱钟书的三弟和妹妹住在二层，钱钟书的二弟一家三口住在最底层的亭子间，厨房归钱钟书的父母使用，叔叔一家就在屋顶晒台的通道上搭个炉子算做厨房。最底层有一间客厅，两家共用，中间有一张桌子，是叔叔教孩子们学习英语的地方。客厅里堆满杂物，三个女佣也住在客厅里面，晚上搭上一张床，白天再收起来。

自从杨绛带着女儿圆圆回到上海，钱钟书的二弟就从房间里被“赶”了出来，住进了三弟和妹妹的房间里，把自己的床位让给了杨绛和圆圆，二弟媳则带着儿子和杨绛同屋，睡在另一张床上。二弟媳把杨绛当成聊天对象，不停地向她诉苦，说日子不好过。杨绛刚刚经历旅途劳顿，困得不行，可二弟媳足足拉着她说了一夜的话，杨绛没法睡觉，简直苦不堪言。

当生活从高处一下跌落到低处时，能控制自己的情绪与心态，就是成功的。苏格拉底曾说“逆境是人类获得知识的最高学府，难题是人们取得智慧之门”，每个人的身上都带着太阳，只是看你如何让它发光。

父亲心疼杨绛，匆忙中花大价钱租了一个小房子，想叫杨绛带着圆圆过去住。特殊时期，两家的房子都很挤，杨绛带着女儿两头跑，轮换着照顾自己的父亲和公婆。

越是在困境，便越能显出一个人的本质。如果在困境中只顾及自己，恐怕再美丽的外表也难掩丑陋的本质。再困难的时刻，杨绛也没有忘记做一个孝顺的女儿和儿媳，这份孝心不需要金钱与物质的堆积，哪怕只是一声问候与一丝温情，也能让眼前的生活变得温馨。

在国外时，杨绛就已经开始学习照顾两个人的饮食起居，回到上海，更是实打实地开始料理一大家人的家务事。尤其是当钱钟书开始潜心创作《围城》之后，杨绛便把自己的身份变成了“灶下婢”，她一个人将烧火、做饭、洗衣全部包下，三弟结婚之后，家里又添了一位妯娌。天热的时候，一大家人都在大房间里乘凉，钱钟书和圆圆在浴室的澡盆里对坐着玩，杨绛没办法加入，和婆婆与妯娌们没有太多的共同语言，坐在一起也不知道该聊些什么，又不好当着她们的面读书，免得让人觉得自己看不起她们。想来想去，杨绛只能一个人躲在如同蒸笼般的亭子间里，借了架缝纫机，汗流浃背地为钱钟书和圆圆做衣服，有时也会为钱钟书的弟弟缝缝补补。不要说没有独自休息的地方，就是想和钱钟书单独说一会话的空间都没有。

“灶下婢”的生活，对杨绛来说简直是种考验。她自幼是养尊处优的大小姐，又是在英国和法国留过学的洋学生，如今的生活与从前相比，简直是一百八十度的转弯，可她从没抱怨过一句，默默地做一个孝顺的儿媳，照顾着钱钟书的大家庭。在繁琐的家务面前，曾经学到的知识完全没有用武之地，可杨绛还是敬老扶幼、诸事忍让，她的脸上从来没有出现到过抱怨的神色，一大家人都非常喜欢她，钱钟书的婶婶还开玩笑说，她是“盐钵头里蛆，咸蛆（贤妻）也”。

吃得苦中苦，方为人上人。寒冷的风雪凝练了梅花的芳香，生活也同此理，如果在困难面前不想着磨砺自己，只是一味地抱怨，又有什么用？

多年之后，人们只看到杨绛在翻译事业中“几人平地上，看我碧霄中”的荣耀得意，却不知正是她始终拖着不轻易放弃的执着身影，在人后勤恳与执着地付出，才换来了人前的光彩。“灶下婢”虽然只是一种生活角色，却教会了她在困境中忍耐，正是这份忍耐，让她哪怕所有的努力全部被推翻，也有重新开始的勇气。

杨绛按照西班牙原文翻译的《堂吉诃德》于1978年出版。这是我国从西班牙原著翻译成中文的第一个版本，一共分为上下两卷，是由钱钟书为她撰写的题签。杨绛拿到这本散发出浓郁油墨香的《堂吉诃德》时，心中真是感慨万千。

自从1956年接到外国文学名著丛书编委会要她翻译《堂吉诃德》的任务开始，为了保留原著中的原汁原味，她便决定按照西班牙原文来翻译。杨绛从1958年冬天开始学习西班牙语，每天坚持学习，从来不曾松懈，到1961年才正式开始翻译。可没过多久，各种政治运动劈头盖脸地袭来，她只能在诸多“会议”中抽出一点一滴的工夫来翻译。后来，当整部书差不多已经翻译完成，只剩下一小部分还没翻译时，翻译稿却被全部没收，杨绛也没能留下底稿。

1972年从干校返回京城后，杨绛决定继续翻译《堂吉诃德》，可是虽然之前已经几乎翻译完成，可多年之后继续翻译时，却好像一口气断了似的，后面难以接续，她只好从头开始翻译。全部七十二万字的译著，前前后后，历尽波折，竟然历时二十年。

二十年间的辛酸血泪，只有杨绛自己清楚。可是生活中的种种苦难并没有将她压垮，反而让她积累了常人难以想象的阅历。

跨过生活中不如意的那道门槛，也许只需要一个微笑的距离，跨过这一步，一切失落终将过去。

杨绛翻译的《堂吉诃德》一经面世，就成了畅销书，虽然当时物资紧张，印刷的纸张也非常粗劣，可第一版印刷的十万套很快就销售一空，第二次又印刷了十万套。那一年，西班牙国王和王后访华的先遣队来到中国，正赶上北京书店门口排着长长的队伍，正是读者们在抢购刚出版的《堂吉诃德》，如此盛况给先遣队的成员们留下了难以磨灭的印象。他们还专门访问了杨绛，杨绛只是风趣地说："那位忠军爱民的堂吉诃德先生特意先来一步，到北京迎接西班牙国王和王后的造访了。"

不久之后，邓小平同志为西班牙国王胡安·卡洛斯一世和王后举办国宴，也邀请了杨绛参加。邓小平同志把中文译本的《堂吉诃德》作为国礼送给西班牙国王和王后，并且将翻译者杨绛隆重地介绍给他们。西班牙国王和王后与杨绛郑重地握手，邓小平同志也和杨绛握手，还问《堂吉诃德》是什么时候翻译的。如此隆重的场合，杨绛无法细说翻译《堂吉诃德》的坎坷，只回答说是今年出版的。

按照当时的规定，工作人员不论是因公还是因私会见外宾，都要向领导汇报。参加欢迎西班牙国王和王后的宴会是大事，当然更是要汇报了。杨绛从未因出席如此盛大的宴会而沾沾自喜，只是在去向外文所领导汇报的路上，越想心里越觉得好笑。在外文所里，她曾经如同披上了“隐身衣”般成了一个“零”，如今竟然会见了身份显赫的外宾，这简直就像北京土话里说的“太阳晒到狗尾巴尖上了！”

时间带走了杨绛曾经如同中国娃娃般的容颜，却让她的气质在岁月中逐渐升华。她懂得宽慰自己，无论遇到多糟糕的事情都不曾感怀悲伤，遇到多荣耀的事情，也从不招摇过市。生活中的阅历为她包装上了优雅的外衣，已经没有什么事情值得她去耿耿于怀了，平淡中的快乐是那么容易让人满足。

「 第三节 」

内外兼修的爱人

女人的美，如果只停留在外在，时间久了，难免只落得一个“花瓶”的称号。而内外兼修的思想之美，才不会轻易让人感到厌倦。在无情岁月的打磨下，外表的美会随着时间的流逝而褪色，即使美丽一成不变，也毫无新意可言。只有内在的美不会让人产生审美疲劳，它更像一种迷人的气质，就如同美酒佳酿，历久弥香，让人为之沉醉。

无论是幼年还是大学时代，身边的人都夸杨绛长得漂亮，她却不这么认为。她的兴趣爱好并不在穿衣打扮，而在读书。与钱钟书结婚之后，她又将心思分出了一部分用来照顾他。尤其是在英国留学时期，向来“笨手笨脚”的钱钟书，更是离不开杨绛的“打点”。

刚到牛津时，钱钟书一次独自外出，从公车上走下来时，还没等站稳，公车就开走了，钱钟书狠狠地“亲吻”了牛津的地面，大半个门牙磕掉了。他用大手绢捂着嘴走回了家，嘴上全是血，打开手绢时，半颗牙还掉了出来。杨绛吓坏了，赶紧带着他去看牙医，拔掉断牙，再镶上假牙。

她从未因钱钟书的“笨手笨脚”而埋怨过半分，就算他穿鞋分不清左右脚，不会系鞋带，拿筷子也只会一把抓，可杨绛只是把这些当做孩子般的可爱之举，真正爱一个人时，就是要把他当做孩子来疼。

钱钟书吃不惯外国的饮食，杨绛便独自找到一间可以自己做饭的房子，租了下来，学着使用电灶和电水壶，从烧水开始到能做简单的饭食，她不仅不觉得繁琐，反而像做游戏一样自得其乐。

把生活当做一场游戏，你会发现越来越容易得到快乐，心境也会渐渐变得柔和。生活中有太多的琐事，总在不断磨灭着人们的耐性，可如果把这一切当做游戏中的挑战，每攻克一关，快乐就是生活赐予我们最大的回报。

生活对于杨绛来说，不只是游戏，更是一种“冒险”。那段时间，他们边玩边学做饭，仿佛自己打出了一片天地一般快活。

杨绛把给钱钟书做饭当成自己的专职，有时她也会想，如果人不用吃饭，就更轻松快活了。可是转念一想，神仙永远不会饿，可是又有什么意思呢？反而是钱钟书担心做饭的油烟会让爱人的容颜受损，他幻想着如果能得到一副神仙的“辟谷方”，可以不用吃饭就能长命百岁该有多好。

平凡的快乐，就连神仙也无法比拟。每天能够亲手照顾爱人的生活，更能让杨绛有一种满足感，钱钟书也越来越离不开这位内外兼修的爱人。

生命的长短并不重要，只要活得快乐，在有生之年做些有意义的事，便已足矣。活得简单是一种境界，真诚地相爱比任何事情都更能让人快乐，这才是世间最宝贵的财富。在忙与闲两种境界里如意穿梭，将外在与内涵完美地融合，镶嵌在个性之中，这是生活的智慧，也是不虚度人生的态度。

杨绛生女儿期间，在医院住了很久，钱钟书一个人在家，总是会闯下一些或大或小的“祸”。他每天都到医院探望杨绛，时常苦着脸告诉她：“我做坏事了。”一次他打翻了墨水瓶，把房东的桌布染脏了。杨绛安慰他：“不要紧，我会洗。”钱钟书担心墨水洗不掉，杨绛继续安慰他，墨水也能洗。过了几天，钱钟书“又做坏事”了，把台灯砸了，杨绛又安慰他：“不要紧，我会修。”没过几天，钱钟书又弄坏了门轴，门关不上了，杨绛再一次安慰他：“不要紧，我会修。”

不要紧，简单的三个字，饱含着杨绛浓浓的爱意，也蕴藏着钱钟书的无限信任。无论生活中遇到或大或小的事情，只要听到这三个字，他就能感到无比的安心。因为他知道，只要杨绛说了“不要紧”，她就一定能解决。

钱钟书的额骨上曾经长了一个疔，杨绛跟一名英国护士学会了热敷，回来后告诉钱钟书：“不要紧，我会给你治。”从那天起，杨绛每隔几个小时便会认真地为他进行一次热敷，没过几天，额骨上的疔连根拔去，脸上没有留下一点疤痕。从此以后，钱钟书对杨绛口中的“不要紧”无比信服。

爱是温暖与照顾，越是平淡的美丽，在日后回忆起来，越是闪耀着光芒。不过，爱也并非一味单纯地付出，懂得让自己身上拥有越来越多的闪光点，才能让爱情久久地围绕在自己周围，历久弥新。

在钱钟书心里，杨绛是个既上得厅堂，又下得厨房的女子。在国外留学时将钱钟书照顾得无微不至，回到上海后，对他家人的照顾和对公婆的孝顺又处处到位，杨绛称得上是一位才女贤妻。

陈麟瑞是杨绛夫妇在上海最亲密的朋友，是一位剧作家，他家里有满满一书架有关剧作方面的书籍，都被杨绛借来看了。一次一同吃饭时，陈麟瑞和李健吾鼓励杨绛写一部戏试试，杨绛有些心动，正好在小学教书的工作还有些空闲，她便利用业余时间写了一个故事给陈麟瑞看。陈麟瑞说这个故事做独幕剧太长，做多幕剧又太短，杨绛不甘心放弃，按照陈麟瑞的指点，很快就改写好了一部四幕剧，用无意中想到的“称心如意”作为剧名，十分贴切。

杨绛看书看得多，文笔也不俗，整部剧被她写得环环相扣、悬念丛生，个个人物都有着鲜明的特色，每个人的台词也都符合自己的身份特征。剧本一写成，就被导演黄佐临看中，马上就要开始排演。演出广告上要标注剧作者的名字，杨绛本命叫杨季康，她怕出丑，不敢用真名，想到姐妹们叫自己时总是嘴懒地把“季康”两个字连读为“绛”，于是杨绛便从此成了她的笔名，一直延续到今天。

《称心如意》一经公演就大获成功。戏剧家赵景深在报刊上评论，这部剧将人情世故刻画得如此细致入微，非女性写不出。李健吾也评论说：“杨绛不是那种飞扬躁厉的作家，正相反，她有缄默的智慧。”“唯有清静优美的女性的敏感，临到刻画社会人物，她才独具慧眼，把线条勾描得十二分匀称。一切在情在理，一切平易自然，而韵味尽在个中矣。”

在《称心如意》之前，上海的话剧大多是悲剧，更容易讨好，也更容易赚取观众的眼泪。而杨绛第一次创作，就成功地写出了一部“好”喜剧，人们说她是替喜剧争了一口气。

其实，生活本就是一场戏剧。能让所有的故事在阳光下演绎成诗歌，将阴暗角落中许许多多的不快乐都当做喜剧来处理，这是一种难得的人生哲学。许多人都在抱怨生活中的挫折，咒骂道路上的坎坷，为那些逝去的时光扼腕叹息，也为今后的未知不安揣测。其实，这一切不过是人生的常态，应把人生当做一场电影，又何必为那些不如意而不快乐呢？

继《称心如意》之后，杨绛又一鼓作气创作了五幕喜剧《弄假成真》，搬上舞台之后，获得了更大的反响。演员们甚至以能演上杨绛写的喜剧而感到光荣，还联名给她写来感谢信。面对一切夸赞，杨绛反而异常冷静，她希望人们单纯地把它当做一部喜剧来看，如果对剧中的女主角太过同情，反而更像悲剧了。

父亲看了《弄假成真》的演出之后，对全场的笑声无比欣慰。他知道，这些故事都是女儿编出来的，虽然嘴上只简单地说了“憨哉”两个字，可心中却有着掩饰不住的骄傲。

一时之间，在上海的话剧界，杨绛成了名人，也成了各个剧团的贵宾。和钱钟书一起去看戏时，人们只热情地招待杨绛，冷落了钱钟书。钱钟书觉得无趣，便让杨绛以后自己一个人去看戏。杨绛也并不生气，每次自己去看戏之前，还会在家中先为钱钟书做好饭。

如果不快乐，是因为自己不想快乐。生活中的一切美丽都要由自己来创造，如果心态从容，哪怕是孤独，也能变成一种享受。

那一段时间是杨绛的创作高峰期，三幕喜剧《游戏人间》很快又创作完成。她喜欢保持喜剧的纯洁性，可是喜剧写多了，偶尔也会变换一下题材。当《游戏人间》在舞台上赢得一片叫好声时，杨绛已经开始构思自己的第一部悲剧《风絮》。这是钱钟书帮她取的名字，风絮就是风中的一朵杨花，自以为理想很高，最后却也只能面对现实。这是人生的真实写照，懂得做力所能及的事，才是真的勇敢面对人生。

《风絮》是杨绛创作的最后一部剧本，可惜的是，抗战的胜利让这部剧没能搬上舞台，从此杨绛的身份彻底从剧作家变成一位教师。在极大的成功面前，杨绛始终保持着谦虚的态度。她常说自己对戏剧并没有研究，写的几个剧本只是“学徒的认真习作”而已。在抗日战争时期，作为一个弱女子，她认为自己做不了太大的贡献，只是希望老百姓在看她的戏剧时，能发出几声会心的笑声，提醒大家不要愁苦丧气，更不要放弃反抗，在漫长的黑夜里保持乐观的精神。

一分耕耘才能换来一分收获，若让自己充满向上的力量和进取的勇气，感谢生活赐予的困苦和磨难，你便会发现平凡的日子处处充满机遇和挑战，人生中曾经的伤痛也能变成美好的回忆。

「第四节」

端坐红尘，与岁月相约终老

女人若拥有好的容貌，只能称之为“小美”；善于修寂，也只能称之为“中美”；懂得心净，那就可以真正堪称“大美”。“大美”的心中仿佛从未沾染半点瑕疵，只安守于岁月的一隅，用淡然给人以无限美丽的遐想。

热闹的世界是那样精彩，美丽的风景与陌生的际遇，总是激发着人们与生俱来的好奇心，然而喧闹过后却难免空虚。与花花世界的喧嚣相比，杨绛更喜欢宁静世界里的简单生活，再多的褒奖与吹捧，都无法在她平静的心湖里激起一丝涟漪。

一部《堂吉诃德》让杨绛在翻译界声名鹊起，她也因此荣获了西班牙政府颁发的大奖。西班牙政府曾经通过西班牙驻华大使邀请杨绛出访，在一般人眼中这是何等的机遇，也许更多的名誉将随之而来，可是当第一任大使前来邀请时，杨绛拒绝了。西班牙政府并没有灰心，第二任大使又送来了正式的书面邀请，杨绛依然谢绝。直到第三任大使通过中国社科院领导马洪来请她，杨绛才勉强答应下来，因为实在是“赖不掉了”。

三位大使才请动杨绛，并非是她故作姿态，而是平静的生活对她而言有更大的诱惑力。她的心中存在着一个简单的世界，活在里面，杨绛觉得舒服而自然。

淳朴的心境就像哥伦布还未发现的新大陆，那里无需太热闹，只要住着亲人和朋友，以及爱你和你爱的人就足矣。无论外面的世界有多浮躁，一旦回到这个心中的世界，就可以简单地活着。

虽然不喜欢参与花花世界，杨绛却喜欢将很多时间花在学习外语上。她深知外语的重要性，社科院计算室的两位年轻科研人员曾经向杨绛抱怨外语难学，说自己口语不行，听力也不好。杨绛一直鼓励他们：“多会一门外语，好比多一把金钥匙，每一把金钥匙都可以打开一座城。城里有许多好看好玩的东西，好像一个大游乐园。你们如果不懂外语，就会比别人少享受很多东西。不要因为自己在学外语的某一方面困难就放弃外语，这样就太可惜了。”

当初杨绛学习西班牙语时就完全是自学，没有老师教导，但她硬是凭借自己的一腔刻苦和努力将西班牙语学好，中文译本的《堂吉诃德》便是她自学西班牙语的成果。杨绛说话时从不急躁，那云淡风轻的语调，却总如一阵和煦的春风，直吹进人们心里。也许江南水乡的吴侬软语培养了杨绛心静如水的个性，多年的生活阅历更是让她心若芷萱，她由内而外散发出无穷的芬芳，从内而外，悠远不绝。

心中有一座平静且繁华的城，身处的世界则不需要太多的渲染。杨绛的家里有着最简单的陈设，没有豪华的家具，地面只有光溜溜的黄木地板。然而，她却将一间二十多平方米的房间单独开辟成书房，房间里并排放着五个大书架，满满的都是书籍：中文与外文、古典与现代，似乎全部的书籍题材都有所涉猎，坐在里面，仿佛拥有了一座书城。

杨绛管钱钟书叫“书痴”，其实她又何尝不是嗜书如命。所有拿到手的书籍，不论是中文还是外文，也不论书的新旧，她都迫不及待地立刻翻看。他们的“书源”也不少，总有源源不断的书籍供应到他们手中。书是杨绛的精神食粮，有书万事足，只要可看的书不断，她就觉得生活无比富有。只要家里有一点外汇，杨绛夫妇就会用来买书，外国的出版社支付给他们的稿费，他们也从来不要现金，而是开出一张书单，请他们用书来代替稿酬。

每个人都希望生活幸福美满，可想要的东西却总是大体相同，物质生活的高低似乎成了衡量幸福与否的唯一标准，也许好的物质生活必不可少，可生命中总需要有一些别的东西，尤其是身为女子，能让自己与众不同的，除了自强、自立、自尊以外，还有自得其乐。

两个文人的家，总是显得有些与众不同，杨绛家里摆着两张旧书桌，一大一小，小的是她用的，大的则是钱钟书的。杨绛调侃：“他的名气大，当然用大的；我的名气小，只好用小的。”每次听到杨绛这样的话语，钱钟书马上就会抗议，他总是说这样分配是因为自己的东西多，而不是在搞大男子主义。

钱钟书的往来信件的确比杨绛多，尤其是《围城》出版之后，各地的书迷更是写来雪片一样的信件，钱钟书每天最多的工作，就是坐在书桌旁边给读者回信，信的内容也大抵相同，都是为谢绝来访而不停地道歉。

人到了一定年纪，能与相爱的人每天相守，互相关心，互相说着贴心的话语，互相开着玩笑，这是一种享受。每一根被时光染白的发丝，都是两个人一生相爱的见证。再多的风霜都没有分开那一双紧握的手，岁月的碾压也从未拆散过多年积累的真情。

在杨绛的家里，空中总是漂浮着一些淘气的话语。虽然两人已经步入老年，可交谈时的幽默语调总是让人忍俊不禁。他们之间的幽默并不简单，仔细品味之后，人们总是能发掘出一些通情达理和超然于物外的道理。杨绛的身上总是带着云淡风轻的诙谐，正如她的文字一样，似乎洞察一切，却又总是有着让市井平民也能理解的风趣。

文化底蕴总是从一举手一投足中缓缓释放。杨绛待人接物总是温文尔雅，与她娇小文弱的外形十分相称。她喜欢用旧时的礼仪待客，每当给客人端茶时，总是用一个旧式的茶盘，将茶盘上的茶水递给客人之后，再双手托着茶盘一直背朝里屋退下。这是“却行”之礼，是一种旧式的礼节，即便来访的客人是后生晚辈，杨绛也始终保持着这样的礼数。客人离开时，杨绛总是面带微笑地送到门口，再由钱钟书送到楼下。

钱钟书的衣着向来由杨绛打点，在家时，她总是让钱钟书穿着对襟布褂，仿佛与他们出生成长的那个年代没有分别。在杨绛看来，这是一种文化，更是对中华传统的尊重。即使曾经漂洋过海留学国外，中国的传统文化却已经深深地刻进她的骨子里。再美的洋装也比不过中国的旗袍与布褂，掌握再多的外国语言，也没有家乡话听起来亲切。

从西洋的文化中，杨绛学习到了不少精髓，可她毕竟是从中国传统文化中熏染出来的女性，斯文与优雅是她改变不了的本性。也正是基于这种文质彬彬的个性，她才能写出像《干校六记》那样“怒而不怨”的作品。

每一个心灵深处的故事都能被整理成一段文字，文字或深或浅，是对走过的每一段路程的静静回味，只有细细品味一生的聚散离合，才能渐渐明白，那些耀眼光辉不过是一时一刻的事情，返璞归真才是生活的本质。

杨绛说过：“简朴的生活、高贵的灵魂是人生的至高境界。”“我和谁都不争，和谁争我都不屑。我爱大自然，其次就是艺术。”这些简单的话语充满着诗意，隐于世事的喧哗之外专心治学，更符合她宁静致远的淡泊心境。

“婚姻就像一座围城，城外的人想进来，城里的人想出去。”这是杨绛为钱钟书的《围城》写的一段话，总有人因忍受不了婚姻的平淡而最终选择背叛，那是因为还没有发现城内也有着无限美好的风景。在婚姻中，杨绛变得成熟，也拥有了越来越多的只属于女人的魅力。

当钱钟书的《围城》出版之后，许多读者因仰慕钱钟书的文采而来访，面对着络绎不绝的“钱迷”，钱钟书有时也感到手足无措，杨绛只好出面替他挡驾。她总是看到钱钟书婉言谢绝读者的来访，也经常在信中对想要来访的读者表示歉意，还会诚恳地奉劝读者们不要去研究《围城》的所谓“内涵”。人们的问题提得多了，他们只好客气地告诉人家“无可奉告”，拒绝得多了，有时候明明已经失去了耐性，可还要保持着最起码的礼貌。

钱钟书曾经在电话里对一位求见的英国女士说：“如果你吃了鸡蛋觉得不错，何必认识那下蛋的母鸡呢？”如此风趣又诙谐的比喻，想必也只有饱读诗书之人才能想到。可杨绛也担心，钱钟书有时候不会转弯的个性会得罪人，可是为了能像平常人一样安宁地生活，闭门谢客也实属无奈之举。

两位老人的生活从来不缺事情可做，他们更喜欢用孩子般“过家家”的方式打发读书之余的空闲时间。钱钟书的头发一直都是由杨绛来理，可以说，杨绛是钱钟书的理发员。如果硬要在他们之间安插一个身份，那钱钟书就是杨绛的书法老师。

杨绛在七十多岁时忽然冒出了想要学习书法的念头，她请钱钟书当自己的老师，钱钟书虽然答应，但是同时提出了一个严格的要求，即杨绛必须每天交作业，他来评分，写得不好的地方，他会要求改正。

每天，钱钟书在杨绛写的书法上一丝不苟地画圈儿或是打杠子，杨绛还嫌他画的圈不够圆，特意找了一支笔管，让钱钟书蘸着印泥在写得好的地方打个标记。画圈儿的地方代表写得好，杨绛希望自己的作业上能多几个圈儿，可钱钟书却故意调侃她，总是故意找写得不好的地方去画杠子。对于钱钟书的“批示”，杨绛看得很在意，虽然上了一定年纪，可她依然如同孩子般认真好学，两个人在家里也像孩子一样玩得开心。

懂得不断进取，才能让生命之花华美绽放。如果让杨绛在喧哗与平淡之中做个选择，想必她会更愿意选择安宁与清明。在宁静处回忆两个人一点一滴的缘分，那些相遇、相知都是人生最美好的回忆。

明白自身的缺陷与不足，才能更好地完善自身。聪明的女人不分年纪，懂得感谢生活给予的困苦和磨难，那份浪漫婉约的情怀也从不被生活所磨灭，不骄傲，也不卑微，只把所有的爱和情铭记在心里，融化进文字中。

杨绛对生活始终保持着最初的热情，人们都夸她是个漂亮的女子，她却从来不以为意，更加愿意去追求一份优雅与精致，深层次的内涵和底蕴才能烘托出一种自然和谐的美丽。当岁月褪去了脸上的稚嫩，智慧之花就是最美的点缀，哪怕是脸上的皱纹，也无法遮掩她的美丽。

第七章

独自一人，远离这纷乱世界

「 第一节 」

当走在人生的边缘

人生太过匆匆，从出生到年迈，一切都在沿着一条路从起点走到终点。一生的酸甜苦辣、浮沉成败，只有当局者才最清楚。文字可以留住记忆中的一切欢乐和痛苦，使它们不会像时光一样，轻易就被风吹散。

在时光中行走，杨绛从来没有丢弃手中的诗卷，文字将她浸染得更有韵味，也更加纯净。当人生即将步入百岁，她想要回味曾经经历过哪些不平人生，未来的人生之路又有哪些未知在等待着自己。杨绛将一切迷惑和犹疑记录在文字中，创作了《走在人生边上》一文，这一年她已经九十六岁高龄。

不在意俗世的纷扰，不忧虑功名利益的得失，可以说，这是杨绛一生的处世之道。在百岁寿辰到来之前，钱钟书的堂弟钱钟鲁曾经打来电话询问杨绛百岁寿辰打算怎么过。杨绛在电话中叮嘱，只要他们各自在家中为自己吃一碗寿面即可。

抗日战争时期，杨绛曾经因写过几部既叫好又叫座的剧本而成为人人追捧的剧作家，那段时间，人们只知杨绛而不知钱钟书。每当人们称呼钱钟书时，总要冠上“杨绛的丈夫”这一头衔，钱钟书甚至为此而紧张，感觉自己的风头都被杨绛抢了去。

杨绛却从未因此而沾沾自喜，也从未因剧作家的身份而在钱钟书面前摆过任何架子，反而依然凭着一颗素心，与钱钟书相濡以沫。当《围城》出版之后，钱钟书声名大噪，渐渐地，人们只知道大文豪钱钟书，却渐渐忘记了同样有着一身才华的杨绛。这时的人们，再称呼杨绛时，已经不知不觉为她冠上“钱钟书的夫人”的头衔。杨绛依然不气不恼，甘心生活在钱钟书的光环底下，甚至调侃自己是“钱办主任”。

当女儿圆圆和丈夫钱钟书先后离开这个世界后，独自活在世上的杨绛称自己是留下来“打扫战场”的，她将大部分时间都用在了整理钱钟书的手稿上，整理的每一个字都饱含着她对钱钟书那百般不舍的爱意。

这一饱含怀念的行为，让余生有了不同的味道，仿佛在白水中加进了佐料，让平淡无奇变成了甜美可口。整理钱钟书的遗作，也是对往事的一种回忆，点滴的爱在文字间渗透，她已经习惯了有钱钟书陪伴的生活，这一生饱含着爱意相濡以沫到老，当家里只剩下她一个人，虽然怀念，却并不遗憾。

百年人生，只是经历，就足够成就一部丰富多彩的著作。人们称赞杨绛是著名作家，杨绛却依然保持以往的淡然，她说：“我没有这份野心。”也有人说杨绛写的作品畅销，她依然平淡，甚至揶揄自己的作品“那只是太阳晒在狗尾巴尖上的短暂间”。

所有的成就，只被她当做自己曾经做过的一些小事而已。人们总是希望生活能丰富多彩，也会在某个特定的时刻许下某些特定的愿望，而用“无欲无求”四个字来形容杨绛，似乎更加合适。无欲无求的人，往往能收获更多的惊喜。将简单的生活过到极致，也是一种幸福。

有人告诉杨绛，如果能够得到一本她写的书，便要当做宝贝一样珍藏起来。杨绛不仅没有洋洋得意，反而开起玩笑：“我的书过不了几时，就只配在二折便宜书肆出售，或论斤卖。”她也从不把自己写的书赠送给别人，她认为那不过是让对方摆在书架上，换来人家的几句赞美而已。有人听说杨绛的书法写得漂亮，当年钱钟书也模仿着她一起临摹碑帖，便向她求一幅墨宝，她依然自谦说：“我的字只配写写大字报。”

当人生步入老年，杨绛最钟爱的生活方式就是在平静的日子里享受属于自己的一方宁静。有人曾经邀请她出国访问，她说：“我和钟书好像老红木家具，搬一搬就要散架了。”

“被人遗忘”，始终被杨绛当做最大的渴望。人生最美好的境界就是丰富的安静，她更喜欢一个人沉醉在那淡淡的墨香中，享受文字带给自己的那份静美。

她已经习惯了低调的生活，只有这样才能安静地享受一刹那明媚的阳光。一生为人谦和，再多的磨难也没有改变她与生俱来的愉快和洒脱。都说心素如莲，人淡如菊，可此刻孑然一身的她，却仿佛梅花一样，在寒冷中磨炼自己的意志，将一切都看得平淡。在她身上可以发现，谦卑也是一种智慧，那是一种金钱无法买来的平和，优美中显露着高贵。

在一百多年的人生里，杨绛始终秉承着那句自己最喜欢的至理名言在生活，那就是“简朴的生活、高贵的灵魂是人生的至高境界”。她如同一滴清水般活着，哪怕是处于人生的巅峰，她依然奉行着低调与简朴。

奢华的陈设无法填补内心的空虚。在杨绛看来，生活中的一切物质，好用、方便即可。她的家里没有昂贵的家具，只有浓浓的书卷气充当千金难买的装饰。多年以前，国家曾经要出资为她装修房子，却遭到了她的拒绝。杨绛更加满足于这种简单的生活方式，用她的话说：“每间屋子里有书柜、有书桌，所以随处都是书房。”这比一切奢华的家具都更能让她感到舒心。

许多人总是把低调当做自恃清高，她低调久了，难免遭到人们的误解。自从钱钟书和杨绛成为知名作家之后，家中总少不了有人去拜访，其中也不乏一些达官显贵。曾经有一位权威人士在大年初二到杨绛家中拜年，两个人正在工作，钱钟书放下手中的工作去开门。来拜访的人说了声“新年好”，正要进门时，却见钱钟书只把门开了一条缝，婉拒来拜访的人：“谢谢！谢谢！我们很忙，谢谢！谢谢！”来人遭遇“闭门羹”，回去以后说杨绛和钱钟书两个人不近人情。钱钟书的一门心思都在做学问上，处理这类事情时难免会得罪人，更多的“拒绝人”的事情都是由杨绛来做，她更是自嘲自己是钱钟书的“拦路虎”。

真正低调的人，才懂得君子之交淡如水，面对他人的误解，也不过一笑了之。用心去对待这个世界，端庄简朴的行为也不会遭人诟病。

在杨绛的眼中，人生没有什么值得炫耀的，也没有什么可以一辈子仗恃的，她用平和与平淡守着生命中的一份至美，无论别人把她摆在如何高贵的位置，她自己心中始终放低自己，静静地去感悟与品尝生活。

关于名利，杨绛从来没有任何奢求。她不善交际，更不喜交际。她愿意做的事情，只是安安静静地写作，平平淡淡地度日而已。尤其是对待自己的作品，她更是表现出一如既往的低调。曾经在一次新作出版后，杨绛被出版社邀请参加作品研讨会，她却谢绝了，只说了一番平平淡淡的话语，任凭谁也无法再勉强这位享受平静的老人：“我把稿子交出去了，剩下怎么卖书的事情，就不是我该管的了。而且我只是一滴清水，不是肥皂水，不能吹泡泡，所以不开研讨会——其实应该叫做检讨会，也不是我的事情。读过我书的人都可以提意见的。”

有人说杨绛活得“自我”，却不知这是一种低调、从容的处事态度；有人说杨绛“有心计”，却不知她做的每一个决定都是认真考量后的结果。

人世间的快乐有千百种，可上天却不会将全部的快乐都集中到一人身上。杨绛懂得这个道理：“拥有爱情的人未必拥有金钱；拥有金钱的人未必拥有快乐；拥有快乐的人未必拥有健康；拥有健康的人未必一切都能如愿以偿。”能悟出这样的道理，不得不说她是个充满人生智慧的人。

人们说杨绛懂得功成身退，她却从来不觉得自己有功，也许这才称得上是超然的境界和悠然的心境。她有过得意，却淡然处之；也有过失意，却依然坦然面对。一生只遵循着“简单”这唯一的守则，不知不觉中，内心就会无比满足。

拥有简单快乐的只有两种人，一种是孩子，一种是彻悟人生的智者。杨绛显然属于后者。保持知足常乐的心态，是她淬炼心智、净化心灵的途径。物质可以买来快乐，但若想快乐持续，还要来自于内心深处的精神快乐。

杨绛觉得，再大的物质享受也比不过精神的快乐。能够把忍受变为享受，就是精神对于物质最大的战胜。这是她的人生哲学，她之所以生活得愉快，就是因为学会了放大美好。

在《百岁感言》中，杨绛曾经写道："我今年一百岁，已经走到了人生的边缘，我无法确知自己还能走多远，寿命是不由自主的，但我很清楚我快'回家'了……我心静如水，我该平和地迎接每一天……"

回首往事，杨绛的人生经历了太多。她的精彩，也许有人活上几世轮回也无法全部体验。细细品味之后，才发现人生更多的是磨难和艰辛。在几十年前的那场"三反运动"中，杨绛曾经因身为知识分子而被人"脱裤子""割尾巴"，这段历史让她记忆与反思，三十年后一部《洗澡》道尽了那个年代留给她的无限感慨。

任何人生坎坷都无法阻止杨绛乐观地生活。是否快乐，只取决于自己对待生活的态度，只要自己愿意，哪怕深陷泥潭也可以悠然自得。百年人生，早已让她学会了微笑面对难过，不一味地活在那些过去的记忆中，无论未来的路还有多长，依然保持着对未知生活的向往，在无声无息中忘记过去的痛苦。

她总是微笑着告诉世人，生活本来就应该不完美，人生也不可能永远成功。她之所以快乐，是因为找到了快乐的秘诀，那就是在挫折中也依然坚强着重新站立，用小小的糊涂来换取大大的幸福。如果事事计较，反而徒增烦恼，真正的快乐不是别人眼中看到的，而是自己内心真正感受到的。

「第二节」

有时候我们不得不坚强

我们常常在行走中迷失了方向，对前路的未知让自己变得迟疑、驻足不前。其实，这一切只源于对未知的恐惧，当我们鼓起勇气迈出第一步，就会发现，每走一步，前路都会更加清晰。有时候想得太多，不如坚强地迈出一步，人生的方向就会越来越明朗。

坚强是身处逆境之人的心灵灯塔，只要在失意与厄运面前不对生活低头，你就是真正的强者。同大多数江南女子一样，杨绛有着纤瘦小巧的身材，可在困难面前，她内心爆发出的强大能量，却绝非一般人能够比拟。坚强，与外形无关。

对于杨绛来说，1945 年的春天是一个让她永远也无法忘记的悲恸时期。姐姐从苏州打来电话，说父亲生病了，让杨绛即刻赶回苏州。

杨绛赶快与弟弟、妹妹商定，第二天一早一同回苏州。可铁路已经被日本人严格控制，火车票很难买到，他们唯一可以选择的交通工具便是长途汽车。似乎连天气也在为父亲的病情感到伤心，第二天一早便下起了雨，杨绛冒着雨总算买到了去苏州的汽车票。所谓客车，只不过是一辆破旧的大卡车，乘车的人很多，杨绛几乎是被一拥而上的人群挤到了车上。

卡车有着十个轮子，车上却只有四条长凳，虽然车顶有两片防雨布，可雨水还是不断地从每个缝隙中漏下来。特殊时期，车上自然是能装多少人，便装多少人，根本就没有超载的概念。车上的人全部挤在一起，仿佛装在沙丁鱼罐头里一样。车上不仅有人，还有乘客们携带的各种行李，甚至还有装满咸鱼和糖的麻袋。

卡车不胜重负，一路上摇摇晃晃地开着，乘客们随着卡车东倒西歪，随着颠簸上下起落。如果遇到被日军破坏的桥，全部乘客还要下车，和司机一同找来或长或短的木板将桥搭好，再让客车缓缓开过去，人们从残破的桥上走过去，再一哄而上，抢不到座位的，就只能一路站着。

杨绛和弟弟、妹妹已经无暇顾及沿途的颠簸，他们的一颗心全都飞到了父亲身边。杨绛不知道父亲得了什么病，更不敢往深处揣测。凭着一股勇敢面对的精神，她才支撑着一路没有倒下。

回忆起在父亲膝下恣意玩耍的岁月，她发现自己已经在不知不觉中渐渐长大。坚强与勇敢，变成了长大的标志。过去的快乐让她无法忘怀，可生老病死远远超出了她可以掌控的范围，她可以做的似乎只能是勇敢面对。

一路上，杨绛任凭眼泪默默流淌，心中却坚定着一定要见到父亲一面的信念。可是似乎天不遂人愿，当汽车行驶到太仓，路断了，河上不仅没有桥，连桥架子也没有，面对着这样的“道路”，卡车根本没有任何办法。太仓与苏州虽然相距不远，可也绝非徒步就能走到的距离。

卡车司机告诉乘客，只能原路返回上海，杨绛没有办法，只能重新上车。卡车在返程的路上一路飞奔，因为天色已晚，担心遇上土匪，性命难保，有时遇到残破的断桥，卡车只得猛然加速冲过去，有时后轮悬空，几乎就要翻过去，大家一动不敢动，似乎连大气也不敢喘，只能把自己的性命交给卡车司机。好在杨绛和弟弟、妹妹平安地返回了上海，却也留下了一生的遗憾。

当惊魂未定的杨绛回到上海的家里时，却被告知，苏州打来电话说杨父已经去世了。伤心至极的杨绛终于忍不住，放声大哭了起来。这一哭几乎哭了一夜，没有入睡。

再坚强的女人，在噩耗面前也忍不住掉下眼泪。只是，坚强的人在哭泣过后会重新整理思绪，规划日后的生活，而不会一味地沉溺于悲伤之中，久久不能自拔。因为生活还要继续，活着的人要继续以最饱满的姿态走完剩下的人生。

在钱钟书的陪伴下，杨绛渐渐从失去父亲的悲伤之中稍稍走出。可是，日本人还在控制着上海，日本兵四处横行，任意闯入民宅，搜查店铺，侮辱和逮捕市民。杨绛身在戏剧界，她的许多朋友都属于进步剧团，她也时常听说某位朋友被抓，每当听到警笛声呼啸而过，她便知道，又有人被抓了，说不定什么时候就会轮到自己。从与朋友的聊天中，她也在默默学习着“经验”：如果被抓，可以找什么人营救、怎样不牵连旁人；如果撒谎，会遭到更加严酷的对待，但是却要试着巧妙地隐瞒……

连杨绛自己也没有想到，危险的一天竟然来得那么快。一天上午，钱钟书去学校上课，杨绛正在厨房里择菜，忽然传来一阵剧烈的敲门声，来的是一个日本人和一个朝鲜人。杨绛一面招呼他们，一面假装倒茶，一面飞快地跑到屋里把钱钟书写的《谈艺录》手稿藏起来。叔叔看到日本人的本子上写着“杨绛”，便要她出去躲一躲。杨绛借口去邻居家，从后门溜了出去。可是她也知道，躲是躲不过去的，只要她不回家，日本人便不会走。

出来了半天，总要有一个交代，杨绛向邻居借了一篮鸡蛋，假装是出来买鸡蛋的。进了家门，她特意大声对婶婶说：“我给您买鸡蛋回来了。”从大门走向里屋的一路，杨绛看到日本人已经把家里翻得乱七八糟，柜子里、书桌里和抽屉里的东西全部被倒了出来，到处都是。

朝鲜人问：“杨绛是谁？”杨绛勇敢地大声回答：“是我。”朝鲜人又问杨绛为什么说自己姓钱，杨绛依然没有退却，说自己夫家姓钱，自己当然也姓钱。她忽然又假装出恍然大悟的样子，说：“原来你们是找我啊，怎么不早说。”她一边假装道歉，说耽误了日本人的时间，一边又坦荡荡地要跟他们走。

日本人让杨绛明天上午自己到司令部去，家里人吓得够呛，杨绛却丝毫不觉得恐惧。她仔细检查着被翻乱的东西，发现只少了一本通讯录和一本剪报，还有剧团演员联名为她写来的感谢信。她不仅不觉得烦恼，反而感到庆幸，还好自己把钱钟书的《谈艺录》手稿藏了起来，否则恐怕难以得到保全。

第二天到了日本人的宪兵司令部，杨绛只是简单填了一个表格便被放了回来。后来才知道，日本人要找的“杨绛”并不是她。虚惊一场的一番大阵仗，硬是被杨绛凭着一腔沉着与勇敢应付了过去。

那一段处处笼罩着恐怖氛围的生活，让杨绛的内心真正变得强大。她懂得在危险面前掩藏情绪，也学会在冷静中撑过所有事情。也许，越是在危难的关头，越是容易找到那个最坚强的自己。她从不冲动，也从不蛮干，生活中没有跨越不了的山峰，哪怕是峰高让人望而却步，你也可以选择巧妙地迂回而行。这也是勇敢和坚强的另一种定义。

「 第三节 」

人间没有永远

人生不是童话，自然也不会有童话中“从此永远快快乐乐地在一起，永不分离”那般美好的结局。在《我们仨》中，杨绛曾写道：“人间没有单纯的快乐，总夹杂着烦恼和忧虑。”许多人从出生的那一刻起，便开始了苦难的人生。人生没有永远的快乐，可当回首往事，那些曾经的美好依然历历在目，则可以堪称一种幸福。

人们总是憧憬天堂的美好，是因为渴望那里是一方净土，没有争吵，没有纷扰，似乎一切都是那么美妙。可憧憬毕竟只是憧憬，到了真的即将步入天堂的那一刻，又有多少人渴望能够在人间留得更久一些？同样身为普通人的杨绛，当面对与亲人的死别时，心中也同样期盼着，那个美好的天堂能够离自己最亲的人再远一些。

幸福与快乐无法如影随形，就连健康也不可能永远地伴随在人的左右。上了年纪的杨绛，身体渐渐大不如前，钱钟书也时不时要到医院住上几天。杨绛以为，也许这个给自己留下太多回忆的世界，不久就要与自己告别了，可她万万没有想到的是，女儿钱瑗竟然比自己先一步病倒了。

女儿总是父母的贴身小棉袄，哪怕工作再忙，钱瑗也时常回到家里，陪在父母身旁，买上一些新鲜的蔬菜和日用品，再对父母讲一讲外面的新闻。很少下厨的钱瑗甚至还在忙中抽空研究菜谱，偶尔给父母做上几道小菜。杨绛的胃口不好，可是哪怕只吃上两口，钱瑗也高兴得不得了，嘴里还嚷着“谢谢妈妈”“谢谢爸爸”。

对于杨绛来说，女儿是自己最大的安慰。她从来没有刻意教过女儿如何为人处世，也许是缘于血脉中流淌的个性，钱瑗的性格和作风与父母有很多相似的地方。杨绛常说，女儿同样嗜书如命、惜时如金，就连翻书的样子也和父亲很像，看书很快，一目十行，并且全都记得。

杨绛的头上曾经被冠以太多的头衔：她曾经是上海最受欢迎的“剧作家”，也是钱钟书的“灶下婢”；当《围城》轰动一时，她还是“钱钟书的妻子”；在那个“运动”泛滥的年代，她还曾经是“牛鬼蛇神”，是“五·一六”；而后，她又被称为“著名翻译家”。可当岁月将杨绛带入老年，此时的她只有一个最简单的头衔——母亲。

时间悄无声息地偷偷溜走，健康也是一样，仿佛指尖的流沙，越想抓住，流逝得就越快。杨绛从未想过为自己留住青春，却想要留住家人的健康。可这一切偏偏无法如她所愿，眼睁睁地看着健康离丈夫和女儿越来越远，她却无力阻止。

女儿钱瑗是个出色的人，在教育界也是一位受人尊敬的人物，杨绛为女儿的成长欣慰，同时也为她担心，担心她的忙碌早晚会让身体吃不消。杨绛眼见女儿每天一大早就背着大包去赶车上班，下了班还要接上无数的电话讨论工作，常常备课到深夜，还要经常出差。一向对工作认真的杨绛也忍不住心疼女儿，问她“能不能偷一点儿懒”，女儿却总是笑着摇摇头。

人们都夸赞杨绛的一生活得坚强，而当繁华褪尽、时过境迁，经历过生死的人，还有什么放不下？在平淡的流年中静静感悟，所有的伤口都会结痂，时光可以带走寒薄的记忆，每个灵魂深处都是孤独寂寞的，最终的最终，生命中也许只剩下自己，独自回味着未走完的人生。

活着就该微笑，走着就该坚强。也许上天太过于相信自己对杨绛的历练了，一股脑地将三重压力堆积在了她的身上。钱钟书再一次生病入院，杨绛在照顾钱钟书的过程中也再一次病倒，偏偏女儿钱瑗也在这时住进了医院。

钱瑗最初只是咳嗽，以为是感冒。杨绛不放心，要她去医院好好检查，钱瑗不想浪费时间，只在校医院检查了一下，结论是支气管炎。吃的药一直不见效，钱瑗却一直坚持着上课，可是咳嗽竟然越来越厉害，腰也忍不住疼起来，甚至疼到无法弯下捡掉在地上的东西，洗脚之后也无法弯腰擦脚，只能用一根小棍挑着毛巾擦。这一切她都瞒着杨绛，她同妈妈一样，善良的个性让她不希望别人为自己担心。

懂得不让别人为自己担心是一种美德，可是如果一味地自己承担痛苦，反而容易伤害到最疼爱自己的人。钱瑗不愿意让妈妈因为自己的病再增加负荷，直到一天早晨，她腰疼得起不了床，这才无奈叫妈妈来帮忙。

钱瑗一直认为自己腰疼是因为“挤公共汽车闪了腰”，她总是背着一个大包，乘客与她熟了以后还问她什么时候退休，因为她的包还要占上一个人的地方。虽然女儿把这件事情当做笑话讲，可杨绛听了不仅笑不出来，反而觉得心疼。

都说平安是一种古老的歌谣，同样也是母亲对女儿最无法割舍的牵挂。如果懂得疼爱自己，就不要忘记心灵深处这份最朴素的渴求。尤其是女人，只有懂得照顾自己，才是一个珍惜生命、爱戴生命的人，也是一个对自己和亲人负责的人。

医院为钱瑗拍摄的腰部X光片，显示她的腰椎有阴影，核磁共振的结果显示她的肺部也有阴影。在大夫的要求下，钱瑗这才放下工作住院治疗。临入院之前，她笑着对杨绛说："妈妈等着我，我很快就回来。"她还对家里的客人开玩笑："阿姨，常过来看看我妈妈啊。"看着女儿的笑脸，杨绛只感觉到心里在流泪，她不想让女儿看出自己的难过，用平静来掩饰一切伤痛。

此刻的平静，只是她在女儿面前戴起的面具。杨绛绝不似表面那样平静，她知道，女儿的病情也许不像她想的那样乐观。果然，自从住进医院，钱瑗便彻底卧床，从此再也没有起来。可无论身体上有多大的痛苦，她也不会对杨绛说，每天母女两个都要通电话，她们把每晚的通话叫做"拉指头"，因为不像手拉手那般亲近，只能像拉拉手指头。

每当回忆起女儿生病的阶段，杨绛总是难掩悲痛，眼泪在眼眶中打转，却极力忍住不掉下来。钱瑗的诊断结果是晚期肺癌和骨结核，这一下，杨绛身上背负着照顾两个病人的使命，而她自己也是一个病人。听说女儿的病情后，她不敢告诉重病的钱钟书，担心他的病情加重，将所有的苦都独自默默承受。

虽然已经习惯了在人生路上独立行走，独立去承担人生中发生的一切事情，可此时杨绛心中感觉到的只是无力，连表面的坚强看起来都是那么虚弱。

女儿完美地继承了杨绛的坚强，哪怕是面对死亡，也用释然的态度坦然面对，亦可称之为一种洒脱。

钱瑗总是不让杨绛去看她，是怕妈妈看见她的状况伤心。因为要照顾钱钟书，杨绛也不能时刻陪伴在女儿身边。每次去医院，她都能看见女儿脸色苍白的样子，一次比一次严重，后来头发也掉光了。到后来，肺癌扩散导致了肺功能衰弱，钱瑗已经离不开氧气瓶，她长期平躺着，不能翻身，背上已经长了褥疮，甚至溃烂了。肠胃功能也几乎丧失，没办法吃东西，只能靠输液补充营养。后来血管也无处可扎，只能在肩胛骨下面开一个小口输液。

女儿的一切“惨状”全被杨绛看在眼里，这是对一个风烛残年的老人最大的折磨。当人们以一个旁观者的姿态去劝慰别人时，总是思路清晰、利弊分明，然而有一天自己扮演了当局者迷的角色，才发现一切了然于胸的道理都已模糊不清。

杨绛靠着仅剩的理智支撑着，任凭女儿的病情恶化在自己的内心剧烈煎熬，也坚决不给钱钟书的病情“火上浇油”。直到医院发出病危通知书时，女婿才敢将钱瑗的病情如实告诉杨绛，他担心杨绛会中风，还特意带了医生前来。可知道实情的杨绛虽然心如刀割，却依然保持着镇静，就连血压也没有升高。事到如今，她只希望女儿能没有痛苦地离去。

钱瑗知道自己没有康复的希望，便在电话里对杨绛说：“娘，你从前有个女儿，现在她没用了。”最后一次见面时，杨绛强忍着心如刀割般的痛，微笑着在女儿耳边轻声说：“安心睡觉，我和爸爸都祝你睡好。”

在安睡中，钱瑗离开了这个世界。她生前留下遗言，不留骨灰，北师大外语系的师生将她的骨灰带回校园，埋在了她每天都会经过的一棵雪松下。女儿去世百天之后，杨绛一个人来到这棵雪松下，她想陪女儿坐一坐，她想到一句悼亡词：从此老母断肠处，明月下，常青树。看到这棵树，杨绛只觉得自己更加想念女儿。

一条那样鲜活的生命，就在世人的哀婉叹息中悄然流逝，岁月的长河记录下了钱瑗生前留下的每一个点滴，静静地诉说着不为人知的凄婉和沧桑。

先离开这个世界的人，去了另一个世界，忘却了前尘，忘却了悲伤，而活着的那个人，强忍着“送别”的痛苦，望着渐渐消淡的音容笑貌，感受着只剩下自己一个人的孤寂，带着所有或开心或悲伤的记忆而心痛着。

岁月的沉淀，让杨绛带着疼痛和理智清醒着，在最艰难的时刻，她也不曾呼天抢地、撕心裂肺，任由鼻涕眼泪糊了一脸。她只是静静地带着疼痛去思念，凭借着温暖的回忆写出了《我们仨》，字里行间没有任何煽情，有的只是她一如既往的平静。

她在书中记录着一家三口互相照顾、互相关心的亲密，让人不免为那一室温馨羡慕不已。她带着笑意回忆钱钟书“生活不能自理”，回味着女儿出生时，丈夫一天干一件“坏事”。从年轻到年老，一家三口哪怕不能相聚在一处，也要分别搜集日常的琐事，等到相聚时再拿出来共同“把玩”。即便是至亲的人，也少有他们这般亲密。

人世间没有永远，只有将所有的记忆记录于文字，那温暖的过往才从此不朽。美好的精髓是永恒，有着这些温暖的回忆，独自一人生活在这个世界上，杨绛也并没有感觉孤独。也可以说，是习惯了孤独。当疼痛至极，便不再觉得痛；当学会了孤独，便不再惧怕孤独。也许，这是人生的一种新境界，一种新享受。

在杨绛的心中，女儿的一生就像那棵松树一样，虽然从不曾枝繁叶茂，却敢于傲然挺立于严酷的寒冷中。也许人生谢幕，是为了再一次隆重登场，她甚至愿意相信，女儿化做了那棵松树，永远地陪伴着自己。

「第四节」

喧嚣尘世里的隐士

其实，每个人的内心深处都有一个陶渊明式的梦想，找一处云淡风轻的好去处，修一座房子，从此在那里安居下来。可是，真的能如陶渊明一样，摆脱生活羁绊的又有几人呢?

还有一种人，无需刻意找一处清幽之地，生活在喧嚣红尘中，却凭心静如水，如同隐士般自得其乐。经历了风风雨雨的洗礼，杨绛早已过了年华绽放的年纪，在岁月的流逝中，她学会了不问尘寰，让一颗心归于沉寂。

“文革”后期，杨绛在恶邻的欺负和简陋的环境中生活了两年多。“文革”结束后，学部办公室的人忽然给了她一串钥匙，还允许她坐着学部的汽车去看房子，新房子就在三里河国务院新盖的宿舍。很快，旧房子里所有的书籍、衣服和家具都在朋友的帮助下搬到了新居里。钱钟书生病，不能帮忙，杨绛把他当做所有行李中最贵重的一件，无比细心地呵护着。

新家的房间有四间，杨绛把最大的一间当做书房和客厅，她和钱钟书住一间，女儿住一间，还有保姆周奶奶住一间。宿舍的院子很大，道路两边绿荫笼罩，清幽静谧，每天早晚在院子里面散散步，可以说是一种享受。

生活就在不知不觉间好了起来，也许是曾经的“喧闹”让杨绛害怕了，相比多彩的人生，她更愿意在红尘中拥有一处能让自己安静读书、工作的地方。喜欢平淡，也习惯平淡的生活不一定是厌世的表现，不论外界如何变迁，做个单纯的人又有何不好？

曾经的经历让杨绛变得更加朴实无华，有着最平凡的理想，过着最平凡的生活。她并不是没有追求，只是习惯了不去强求，安静得如同一株隐世的莲花，不管世事如何变幻，只安静地过好属于自己的每寸光阴。

光阴静好，却不能虚度。杨绛打算将所有余下的时光全身心地投入到工作中去，从西班牙原著重新翻译《小癞子》，钱钟书则继续修订《管锥编》的初稿。两人平时很少出门，新家也离学部很远，每个月的工资还是由学部的年轻人替他们领了，再特意送来。杨绛的人缘向来很好，年轻人总是争抢着来给他们送工资，更是为了看看他们。有时，热心的年轻人还会为他们带来学部的新书，有些西方书籍连学部也没有，年轻人们便从北大或北京图书馆借来，再专程为杨绛送去。

有些年轻人在读书和翻译时遇到困难，也会来请教钱钟书，如果钱钟书没有时间，就由杨绛代为解答，她总是有着极大的耐心，多大的疑难都能迎刃而解，直到讲解透彻为止。

从别人的需要出发，去决定自己的行为，是一种智慧，更是一种魅力。对于女人来说，这份智慧也被称之为灵性。她就是这样一位有灵性的女人，既不浅薄，也不复杂，身上有一种单纯的深刻，让人感到温暖，也让人体会到她独有的韵味。

杨绛始终在用自身的魅力温暖和感动着别人，远离尘嚣的她，找到了最适合自己的生活方式。自从搬到新居，杨绛每天都能看到邻居在松树下面做大雁功，她很羡慕，也想学，于是朋友就教她练习，还送给她一本由八十岁老太太杨梅写的《大雁功》。杨绛不论学习什么都很快，她每天无比认真地练习，练得满头大汗，很快就全部学会了。她对钱钟书说："我是为你学的，你也得好好学"。于是，钱钟书就在杨绛的背后，跟着她学动作，竟然也学得很快很好，还一边学一边淘气地说："monkey see，monkey do。"对于两位老人来说，大雁功是很好的运动，两个人就这样一个做，一个学，坚持了很长时间。

有一种浪漫悄无声息、相互陪伴，似乎是一个简单淳朴的字眼，更是一种温暖人心的力量。那是只有从相爱的人身上才能找到的依靠与信赖，透着一股欣慰的惬意。

在杨绛的心中，一直存着一方净土，即使在别人眼中，这方净土寸草不生，可她却能坚持一成不变，只做自己。

钱钟书和女儿钱瑗先后获得了出国的机会，家中就只剩下杨绛一个人留守。女儿总是为妈妈发布一些外面的新闻，让留在家中的杨绛也能感到耳目一新。钱瑗知道，杨绛是一家人的支柱，和她也最亲。从小到大，她亲眼见证了杨绛为这个家付出的一切，所以她也最听妈妈的话，从小就懂得体贴妈妈。

钱钟书与女儿同一年出国，他有一个习惯，出国访问时不给杨绛往家中寄信，而是用小本子写下一本又一本的长信，里面写的是在国外的所见所闻，却满满地都是对杨绛的思念与倾诉。每次回国之后，钱钟书便将这个小本子亲自交给杨绛。而杨绛出访国外时，也和钱钟书一样，在本子上记录下沿途的景物和听到的趣闻，钱钟书在家中也不“闲着”，他把每天家中发生的琐碎事情详细地记录下来，留着等杨绛回来看，还为这个小本子取了个有趣的名字——“备忘而代笔谭”。

陪伴是最长情的告白，在杨绛和钱钟书的心中，彼此已经再也没有任何人可以替代。就这样静静地守着彼此，在光阴中谈心，比一切灯红酒绿都更让人温暖沉静。彼此陪伴时，他们就像孩子一样纯真，安静地生活在自己的世界里，不悲不喜，只做自己，心灵也从此平和而淡定。

隐藏于尘嚣，也让杨绛拥有了许多成绩。当从西班牙原文重译的《小癞子》定稿之后，她又开始了业余创作，一连写了《“大笑话”》《“玉人”》《鬼》《默先生》多篇小说，可以说，她是在平静中结出了硕果。她将六篇论文收录在《春泥集》中，由上海译文出版社出版，又将以上四篇短篇小说收录在短篇小说集《倒影集》中，由人民文学出版社出版。

当人们问起杨绛自己最喜欢的作品是哪一部，杨绛却称自己没有最喜欢的作品，比较喜欢的是《干校六记》。在当年，这部描写了干校生活的“伤痕文学”一经出版，便唤起了许多人心中对干校生活的回忆，人们敢想不敢说的想法，在杨绛的书中都有着深刻的体现。

美国首任驻华办事处主任洛德的夫人读了《干校六记》之后，想要见一见杨绛，就安排她到美国大使馆参加茶会、看电影、吃饭，杨绛出于礼貌，只参加了一次茶会。这位夫人后来又想请杨绛为她的作品写一篇书评，杨绛婉言谢绝了。

没有什么能打乱杨绛心静如水的人生，即便人们说她不懂人情世故，她依然在自己的世界里自得其乐。心思细腻，却从不轻易羡慕他人，不喜欢用太多言语去表达，把自己摆在正确的位置。不问世事似乎已经被她当成生活的法则，她喜欢就这样与世无争地生活着。

可毕竟身处闹市，杨绛无法做一个彻头彻尾的隐者，也曾出过两次国，都是以中国社会科学院代表的身份。第一次是去法国，访问了许多学院和学术机构，与相关的外国学者们交流，还参观了许多名胜古迹和图书馆、博物馆，杨绛的法文水平，即使是在法国，也不输于旁人。在参观时，法国导游有许多事情翻译不清，或者干脆翻译不出来，都由杨绛来翻译，或者补充讲解，比法国导游讲解得还要生动具体。

参观卢浮宫时，顶上有武士用长矛戳住毒龙，杨绛也能说出这是英国的保护神圣乔治，杀了毒龙，救了公主。在参观酿酒厂时，她也能听懂法语讲解的酿酒方法，还能用中文翻译出来。同行的代表都说杨绛简直是大家的骄傲。

也许对于杨绛来说，一次的出国访问，足以让她体味到参与红尘的快乐。当西班牙大使邀请她访问西班牙时，她一连婉拒了两位大使，直到第三任大使邀请时，她才应允。其实，杨绛是因为自己的西班牙语是为了翻译而自学的，对口语并不擅长才推辞的，所以为了不虚此行，这次去西班牙，她准备了许多有关塞万提斯和《堂吉诃德》的问题。

只要与文字相伴，就能达到另一种境界，这就是杨绛的心灵向往，正是这丰富的文化内涵和内心修为，造就了杨绛的魅力：高雅平和，内敛纯净。这是从岁月的沧桑中提炼出的单纯个性，体味过生活赐予的百般滋味，在辛酸的岁月里努力寻找一丝甜蜜。

在西班牙，杨绛参观了马德里，也参观了塞万提斯的家乡阿尔加拉，那里有他的故居。小时候，塞万提斯就住在那栋两层的矮小房子里，和塞万提斯真人一样大小的铜像，就矗立在他故居附近的闹市中。在塞维利亚的印第安总档案馆里，杨绛看到了塞万提斯在1590年呈送给国王菲利普二世的申请书，当总档案馆馆长得知杨绛是《堂吉诃德》的中文翻译者时，特意将手稿的原件复印了一份，送给她作为纪念。

对于杨绛来说，这是一次收获之旅，她多年的疑虑在意外中竟然一下子解开了。她在书中曾经看到过西班牙古名贤托斯达多，绰号“焦黄脸儿”，可是西班牙人肤色都是白的，杨绛不明白他为什么有这样的绰号。到了西班牙以后她才知道，托斯达多有着吉卜赛血统，所以是“焦黄脸儿”。弄清了这个缘由，杨绛无比开心。

归程的途中访问英国，杨绛没有忙着去参观各处名胜古迹，而是抽出了一周时间，在大英博物馆的阅览室饱览国内看不到的书籍和稿本，还在无意中看到了塞万提斯的两封信，比西班牙总档案馆收藏的那封信还早了八年。

回国之后，杨绛把自己的收获全部记录在了文字中，根据“焦黄脸儿”的由来和塞万提斯写的三封信，写了《〈堂吉诃德〉译余琐缀》，后来还收入到散文集《杂忆与杂写》中去。

出国访问只被杨绛当成了一次人生的经历，也是对自己工作资料的一次收集。下一次能否得到这样的机会，她从来不去期盼，也不会为此踟蹰。对于未知的机会，不争不抢；对于已经得到的优待，却也从不随便利用。

几年之后，钱钟书虽成了社科院的副院长，却懂得收敛，他只求做好分内的事，既不要办公室，也不要秘书，就连社科院配给他的汽车也只有生病去医院时才会坐。杨绛也和钱钟书一样，决不出头。其实，她早已经不是一个零，可她却不改初心，依然和当初一样，甘愿做一个零。

人生清淡，才能步履轻松。她愿意把生活当成一面镜子，从别人的身上照进自己的现实。她不愿显示自己的一身光辉，却甘愿如同兰花那样自然朴素，这样反而让人更加肃然起敬。

第八章

做一个安静的女子，柔和而坚定

「第一节」

流光里由内而外的淡然

生活可以让一个人变得温馨而精致，心思也更加细腻。对生活用心，一股由内而外的淡然就会在周身释放。淡然更像是一种情调，可以让人充分享受生活中的惬意和感动。

虽然岁月侵蚀、心境变迁，可平淡素雅依然是杨绛心声的体现，更是她心灵的无声倾诉。每个人的生命中都有或多或少的精彩，可精彩总是转瞬即逝，只有平淡的生活，才真正记录下人生的点滴。

已经不再年轻的杨绛，即便是在许多年以前，也不曾追求过那种轰轰烈烈的躁动爱情，她从来不屑于那些缠绵纠葛的枝枝蔓蔓，更喜欢追求那种在无言中便能读懂彼此心声的浪漫。几十年的爱情早已结出了累累硕果，淡然的生活就是这累累硕果的温床。

似乎只有平淡才是看得见、摸得着的温暖，在生活的每一个细枝末节里，默契、信任、体谅、照顾，种种温情比任何的甜言蜜语更能触动人心。时光给了杨绛太多的颠簸，只有身处风平浪静中，才能细细体味岁月的静美。

外面的世界依然多彩，可杨绛与钱钟书却更喜欢在家中享受灵魂之间的交流。他们懒得出门，更不愿意和不认识的人接触。最让杨绛头痛的就是家中总有各种各样的访客前来拜访，这让两个人应接不暇，几乎没有时间做自己的事情。对于惜时如金的人来说，浪费一分钟在自己不喜欢的事情上，都无比苦恼和心痛。

杨绛甚至希望能够真的在现实中树立起一座围城，将外界的纷扰阻隔在外，他们能在围城之中如同婴儿般随心所欲、自得其乐。也唯有在这座围城之内，她才能充满安全感。

岁月不仅会为人增添阅历，也会逐渐消耗健康。杨绛的体质向来虚弱，一直在生病与健康的边缘徘徊，钱钟书也在多年的伏案笔耕中，感觉到身体大不如从前。他的血压时不时升高，头晕目眩起来什么都干不了，这也是最让杨绛困扰的事情。

杨绛曾经试图让钱钟书通过运动来改善健康状况，更希望以此替代摆脱不掉的降压药。可钱钟书觉得运动对于他来说是一种负担，远不如安享平静更让他觉得快乐自在。

人在年轻时，总有许多的顾虑，要顾及他人的面子，顾及社会上的关系，可到了一定的年纪，才发现让自己活得舒心才是最大的幸福。哪怕是再高的学府来请，杨绛与钱钟书也不为所动，这是两位老人的权利，别人也无可奈何。

时光如水缓缓流淌，人生的际遇让人感怀。经历是无价之宝，经历过期盼，经历过浮躁，经历过忧思，才能最终学会淡然。当《围城》重新出版之后，来访和来信的读者越来越多，杨绛尽最大努力替钱钟书挡驾，有些读者听了杨绛的劝阻，转身告辞，可是还有人不听招呼，闯门而入。

有一家消费报的记者一定要采访钱钟书，无论杨绛怎样辞谢，依然纠缠了好长时间。可是不知道为什么，一段时间之后他竟然自己走了。钱钟书对杨绛笑道："他大概发现我穿的布鞋上面有一个洞，想想同他们提倡的消费很不搭界吧！"

许多电视台想把《围城》搬上屏幕，北京、湖南、广州、辽宁电视台，甚至中央台都有人来拜访杨绛和钱钟书，却一一遭到了婉拒。因为小说原著中的语言幽默、妙趣横生，钱钟书担心在影视剧中很难体现出来。可上海电影制片厂的黄蜀芹、孙雄飞、屠岸德等人却很执着，他们反复阅读《围城》，仔细琢磨书中人物的性格特征，花了三年时间写出了一部电视剧本，还请了杨绛和钱钟书的老朋友、作家柯灵做介绍人，特意拿来给杨绛夫妇看。

有了好友的介绍，杨绛再也不好把访客拒之门外，为了帮钱钟书节省一些精力，杨绛代替他来接待客人。她了解钱钟书创作的过程，更了解钱钟书，她给剧组提出的意见，总是能一下子说到点子上。她将当年钱钟书创作《围城》的整个经过讲给他们听，一句"写《围城》的是淘气的钱钟书"给了剧组无限的灵感。

杨绛把《围城》的剧本读了两遍，然后提了四十多条修改意见，大到人物的性格塑造，小到如何开头和结尾，都做出了详细的修改。包括场景的选择、道具的设置、人物的动作设计方面，杨绛也给出了种种建议。关于《围城》的主题，杨绛的心目中有着自己的想法。她为剧组写了几句话，作为《围城》的内涵送给了他们："围在城里的人想逃出来，城外的人想冲进去。对婚姻也罢，职业也罢，人生的愿望大都如此。"

几句话不仅写出了《围城》男主人公对婚姻的态度，也写出了人性中可悲的因素。人们总是对自己生活的现状不满，却不知自己拥有的生活，正是他人无比羡慕却无法得到的。

剧组将杨绛写的几句话当做了电视剧的开场白，这几句话如同画龙点睛一般，支撑着整个电视剧的构架。直到如今，这几句话依然被人们奉为经典，正是因为对钱钟书有着无可比拟的感情，杨绛才能对这部作品有着如此透彻的解析。

爱情原本就是一件简单的事，生活更是如此，只是有人对生活的要求太高，让它变得复杂。当爱情与亲情完美地融合在一起，你会发现彼此的灵魂也已经合二为一。

杨绛不仅时刻替钱钟书阻挡着访客，也在时刻照顾着他的身体。钱钟书身体弱，又有哮喘病，即使杨绛十分小心地照顾，病痛还是不时发作。自从钱钟书从美国访问归来，家中的美国访客变得越来越多。一次，一位美国客人带着儿子来访，小孩子患了感冒，尚未痊愈，竟然把杨绛和钱钟书两个人都传染了。不停的咳嗽终于引发了哮喘，钱钟书只好再次住进医院。同样也生着病的杨绛每天都在医院照顾钱钟书，还跟护士学习打针。每天她都硬着头皮为钱钟书打预防感冒的针剂，还试着给自己打针。每次打完针，钱钟书都会带着无限的情感对杨绛说一声“谢谢”，他知道，照顾自己的杨绛也是拖着病体，尤为辛劳。

从年轻时起，杨绛在钱钟书眼中就是个无所不能的人物。无论钱钟书如何“闯祸”，杨绛总能用一句淡淡的“不要紧”处理妥当。虽然时光流逝，青春不再，可上了年纪的杨绛，依然从来不让钱钟书失望。有天傍晚，起居室的灯突然不亮了，电工已经下班，可如果一晚上没有光亮，就会白白浪费一晚上的时光，什么都做不了。杨绛决定自己来试试，她拿来一张小桌子，上面再摞上一张凳子，凳子上面再摞一张小凳，如此年纪，爬上这“三层”的高度竟然也很利索。屋顶上根本没有地方可以扶一下，杨绛就一只手撑着天花板，一只手检查灯管。原来是灯管的两头接触不良，她很快就修好了。那时的杨绛已经将近七十岁的高龄，她的敏捷与勇气让钱钟书佩服不已。这次修灯管，杨绛还在天花板上留下了一个清晰可见的手印，一直不曾抹掉。

不假手他人、自己去尝试的女人，总是有着一种强韧的韵味。再瘦小的身材，也会被这样强大的气场衬托得伟岸，周身上下充满了让人仰望的光芒。用乐观的态度去面对人生，在生活琐事中也能寻求到快乐，这是人生的最高境界。

在两个人营造的围城中，杨绛和钱钟书生活得温馨快乐。那是一个温暖的城堡，他们早已成为彼此心目中那个最重要的人。在城堡中，仿佛世界上只有美好，这才是真正将爱情发酵成了亲情。

所有的真心，都是用自己的真心换来的。钱钟书的病时不时就会复发，杨绛的身体也不像从前那样好，可她依然坚持着照顾钱钟书。每当夜深人静时，钱钟书睡着了，杨绛就会竖着耳朵仔细听钱钟书的呼吸，如果呼吸中有杂音，哮喘可能就会复发，杨绛就会准备好水，为他拍背。如果呼吸十分均匀顺畅，杨绛才能放心睡觉。可惜，能这样放心睡觉的日子实在太少，钱钟书的病发作得越来越频繁，总是折磨得两个人睡不好觉。

白天，杨绛还会发挥自己善于编织的特长，全家人的毛衣、毛裤、背心等保暖衣物，全是她用毛线一针一针织出来的。钱钟书将杨绛织给自己的每一件毛衣都视若珍宝，一次杨绛想把他的旧毛衣捐掉一件，可钱钟书双手抱着毛衣不肯放，他说：“慈母手中线。”那种如同孩子般的神色让杨绛感动不已，钱钟书自幼没有慈母，只有伯父待他最好，因此杨绛的确把钱钟书当做孩子一样来疼爱。

一同经历了人生的风风雨雨，岁月将爱情发酵成了一份懂得。岁月改变了他们的模样，却没有改变他们对彼此微笑的容颜。杨绛知道，钱钟书离不开她的照顾，因此她也不允许自己不坚强。

可再坚强的人，也是血肉之躯，杨绛因为脑血管有梗阻，遭到了医生的“黄牌警告”。钱钟书担心得不行，甚至比自己生病还着急，他知道家中不能没有杨绛，她就像是家里的顶梁柱，是无论如何不能倒下的。好在经过医治之后，杨绛的病情逐渐好转，痊愈之后，她一刻也不想浪费，马上就开始整理钱钟书的文稿，编辑成《老圃遗文辑》，还拟写了《前言》。

疾病让她懂得以后的每一分钟都比从前更加宝贵，只有文字能让时间不被虚度。她希望生活中处处充满精彩，这就要求她始终保持一颗童心。即使生病，她也没有改变爱笑的性格，都说爱笑的女子运气不会太差，几十年前，她微笑着迎来了自己的幸福，如今也要微笑着对自己的人生进行总结。

「 第二节 」

妻子，情人，朋友

人在不同的时间和地点扮演着不同的角色，在父母面前是儿女，在爱人面前是伴侣，在子女面前是父母。我们很难将多重角色在同一时间体现，婚姻、亲情、友情，生活中的很多东西让我们负累不堪，却鲜有人能将每个角色都做到极致。

有人说，心在哪里，美丽就在哪里。杨绛在她与钱钟书的爱情中投入了一颗真心，因此他们之间的情感，也被她视做这个世界上最美好的事情。在钱钟书眼中，杨绛是那样一个美到极致的女子，世界上没有任何一个人能像杨绛这样懂他，她是妻子，也是情人，更是朋友。能在同一个人身上同时收获爱情、亲情和友情，足可以想见，杨绛这样一个女子，身上究竟蕴含了怎样的精彩。

爱是一生的陪伴，更是那份在任何艰难之中都不离不弃的真情。哪怕是在战争中最艰苦的岁月，那份不离不弃的情感始终支持着两个人并肩前行。杨绛曾说过："抗战期间，最深刻的体会是吃苦孕育智慧，磨炼人品。"这是她在穷困之中最大的感触，生活在沦陷的上海，她也学到了许多本领。她学会了用缝纫机做衣服，还能见缝插针地做许多家务活。正是那时锻炼出来的隐忍，让她在后来即使被视做一个"零"，也能泰然处之。

战争结束后，持久笼罩在天空的乌云散开，终于露出了太阳。钱钟书成了国立中央图书馆英文总纂，主编《书林季刊》，又被聘为了暨大文学院的外文系教授。一个又一个待遇优厚的工作落在了他的头上，而杨绛似乎已经从剧坛的辉煌中渐渐被人遗忘，成了"钱钟书夫人"。

一切的虚名似乎都无法左右杨绛的情绪，她只懂得在任何时候都要沉下心来做自己。她开始翻译《一九三九年以来英国散文作品》，其中介绍了许多散文新作，还包括专辑、政治、宗教、哲学等文章，涉猎的文体很广，她的文采与才华让每一个读过这本书的人为之叹服。

钱钟书的收入让家里的经济条件改善了许多，杨绛也终于不用在家中埋头做一个"灶下婢"，她再次走出家门，在震旦女子文理学院担任教授。无论走到哪里，杨绛都有着好人缘，学校的"方凳妈妈"对她最好，为她安排最好的教室和最好的上课时间，学生们也都喜欢这位温文尔雅、柔声细语的女教授。

人生中有着一道又一道的坎，妥协是我们需要学会的一门必修课。向困境妥协，是为了冲破逆境，迎来黎明的曙光。事业、婚姻、生活，都需要在妥协中努力经营，它不仅代表着忍耐与涵养，更是一种生活策略。

在战争时期担任"灶下婢"，就是杨绛对生活的一种妥协。她的妥协，绝不是步步后退，也不是知难而下，更不是失败，而是一种有分寸的后退和适度的弯曲，是在隐忍中厚积薄发。有人说杨绛是幸运的，可以熬过苦难的时光，迎来日后的万般荣耀。其实，这绝不仅仅是命运，更是她在生活中的智慧。

成为教授的杨绛，不只负责教课，业余时间也会进行创作和翻译。《观察》杂志曾经向她约稿，她便随手翻译了一段当时正在阅读的散文，只是一次简单的尝试，没想到却获得了傅雷的欣赏。每当朋友主编的杂志向她约稿，她都会如约写一些散文。不过这并没有被她当做什么了不起的成绩，她自认为是“随意即兴所写”，也没有留存。

邵洵美读过杨绛写的《听话的艺术》后，对这篇散文无比欣赏。他用自己秀逸的书法为杨绛写了一封称赞的信。这篇书法甚至比夸赞的话更让杨绛觉得珍惜，她将这封信储存在诗稿的纸匣里，珍藏起来。

爱人的眼睛是一面镜子，从他的眼睛中可以折射出你的形象。爱没有重量，用一颗宽容和包容的心去感动对方，他将会视你为无价的珍宝，任何华美的辞藻都不足以形容你在他心中的分量。

在钱钟书的心中，杨绛有着举足轻重的地位。他出版的第一部集子《写在人生边上》，里面的每一篇文章都是由独居上海的杨绛亲手收集、挑选、编订的。在印刷之前，钱钟书郑重地在书页上写下“赠予 季康”。

在战火纷飞的年代，杨绛担心钱钟书辛苦写成的手稿付之一炬，便不辞辛劳地抄录一份副本，与原稿分两处藏好。这一切都被钱钟书铭刻在心中，当他的短篇小说集《人·兽·鬼》出版时，他没有在书页上写什么，可是当书出版之后，在两人“仝存”的样书上，钱钟书写下了一段浪漫的文字：

“赠予　杨季康

绝无仅有的结合了不相容的三者：

妻子、情人、朋友。”

人们常将“婚后情人”作为一句赠语赠送给那些新婚的夫妇，祝愿他们即使在婚后依然恩爱。杨绛结合了妻子、情人、朋友三种身份于一身，这于她简直可以说是一句妙不可言的评价，更是对她“完美个性”最简短的好评。

可杨绛却并不认为这是一种赞赏，最多只能称得上是一种切身体会。她认为，妻子、情人、朋友这三者本来就应该是统一的，既然是夫妻，就应该成为终身的朋友，即使不能成为最知心的朋友，至少也应该是能做伴侣的朋友，或是互相尊重的伴侣。她说：“我们俩就是夫妇兼朋友。”一句平淡的话语，却蕴含了无边的幸福与浪漫。

爱是相互的守望，是阳光下的坚强。它就像一把锁，将两颗心牢牢地锁住，用真心诚意去滋养，谁也无法把这把锁打开。有情的人，不会认为这是一把锁住自由的枷锁，而是一份甜蜜的牵绊。

用心品味，就会发现世界上处处都有美好。杨绛总是能在平淡的生活中发现最美好的风景，用美丽的心情乐观地对待生活，仿佛把生活当做了一门艺术，即使在没有尽头的泥泞中跋涉，也会始终如一地向着远方的曙光。

如果说杨绛的每一分好都是一朵花，那在钱钟书心中，早已为杨绛建起了一座花园。在朋友面前，他总是时不时夸赞杨绛好，朋友们甚至用英文来嘲笑钱钟书是“誉妻癖”。杨绛也好奇，钱钟书在朋友面前究竟是夸自己的哪些方面，没想到钱钟书只随口一说，就说出了三件事：

第一件是话剧《称心如意》上演之后，杨绛已经成为名人，却毫无骄傲的表现，和从前丝毫没有两样，就好像她不是那个话剧界受人追捧的剧作家，依然为钱钟书烧饭、洗衣，还要照顾当时正在生病的他。

第二件是日本人来抓杨绛时，她丝毫没有慌乱，依然沉着应对，假借倒茶的机会，将《谈艺录》的手稿藏好。日本人让杨绛第二天去宪兵司令部，一家人都很担心，杨绛却很坦然。平时睡眠不好的她，竟然在那天晚上睡得无比香甜。

第三件是家人把煤油炉灌得太满，溢得到处都是，一点着火，所有的油都烧了起来，火苗几乎窜到了天花板，周围堆放着许多干柴，如果引燃，后果不堪设想。钱钟书和女儿早就吓呆了，只会喊着要杨绛快点来。杨绛见到当时的场景，灵机一动，顺手拿起一个晾在旁边的尿罐倒扣了下去，火苗马上就被压了下去，周围的小火苗也被杨绛用炉灰扑灭，就这样避免了一场大祸。

朋友们确实羡慕钱钟书有杨绛这样一位妻子，一次出国公派，同事们的妻子都想一起跟去见识一下外国的世界，只有杨绛主动提出留在家里，把机会留给别人。她就是这样不争不抢、不疾不徐，从不让钱钟书为自己的事情为难。

有时候越是想要争抢一些东西，越是会遇到许多烦恼，不如平淡地安守一隅，快乐地生活，时时刻刻以最好的姿态面对生命赋予的一切，哪怕是面对逆境也心存感激。这种平淡的愉悦让杨绛成为最可爱的妻子。

其实活着就是一种心境，胸襟盛满爱意，永远像春天一样处处充满生机，欣赏品尝酸甜苦辣、人生百味，不知不觉就会收获累累幸福的果实。

熬过了最苦难的黑暗，任何事情都不会让杨绛觉得痛苦难当。她的眼中充满着美景，那是从心中映射出的景色，那份美景也映射在她的脸上，让她显得那样与众不同。就连一向挑剔的婆婆，也对她饱含敬佩。在钱钟书祖父百岁冥诞时，杨绛一家三口回到了无锡，婆婆见到钱钟书和圆圆都胖了，只有杨绛很瘦，便关切地对她说:“喜欢吃什么，买点吃吃。”婆婆平时最看不起贪吃的女人，在杨绛心里，婆婆向来朴实严肃，如今能对她说出这样一番话，足以想见她对杨绛有多么怜惜。

杨绛的贤孝，早已出乎了钱家人的预料。婆婆曾经认为阔绰人家出身的小姐难免娇气，可经历过一场暗无天日的战争，杨绛所做的一切被钱家人深深地看在眼里。艰难的岁月中，他们从来没有听到过杨绛抱怨一句，只是看见她始终用尽全力照顾一家老小，家人暗自庆幸钱钟书是“痴人有痴福”。

公公病重时，曾经问过婆婆，如果他去世了，她要跟谁过。婆婆毫不犹豫地告诉公公:“我跟季康。”虽然老人家过早离世，并没有与杨绛同住，可婆婆的这句话却让杨绛无比欣慰，因为这是向来寡言少语的婆婆对她最大的褒奖。

清淡的人生，步履应该轻松，许多东西不必强求，用心去做、去感受就好。不必计较别人如何评断自己，好的记住，不好的让它随风飘散，只专注于自己笃信的方向，把淡然与坚定渗透进生命当中。

杨绛与钱钟书结婚之后，只在钱家住了十天就出国留学了。如今阔别十三年重回故里，看到与当年一样的摆设，想起在这里叩拜高堂的场景，杨绛不禁感慨万千。

当时还是新媳妇的杨绛，刚刚摆脱富家小姐的身份。在家里从来没有进过厨房的她，第一次来到钱家的厨房时无比紧张。她战战兢兢地接过已经收拾好的一条鱼，小心翼翼地放进锅里，这一场从姑娘到媳妇的蜕变仪式就算正式完成。虽然只是小小地走了一下过场，她还是不免长出了一口气。

杨绛的妯娌们私下都曾说过："钱家的媳妇是不好当的。"可杨绛竟然当得不错。她那种先人后己、不怕吃亏的精神，是从母亲那里学到的。杨绛的母亲生前就曾日夜操劳，照顾儿女，侍奉杨绛的祖母和大伯母，还要抚养三婶婶和两房的遗孤，无论对谁，都十分周到尽心。母亲向来憨厚，对于家中的闲言碎语和要小心眼从来视而不见、充耳不闻，其实她并未全无察觉，只是学会了不放在心上。

每天被母亲的行为耳濡目染，杨绛也学会了心中时刻充满阳光，照到别人身上，让人时刻感觉到温暖，也让自己面对欢喜时不张扬，面对恐惧时不忧虑。她心中有着属于自己的想法，不会被周遭的纷扰牵着鼻子走，更不会让别人的闲言碎语迷惑自己。

其实，她的一生都充满了忙碌，很少有时间安逸地照顾自己。可她却从未辜负宝贵的生命，就像一株空谷幽兰，独居幽处却从不觉得寂寞，没有不断膨胀的欲望，褪去浮躁，耐心包容，将自己扮演的每一个角色都做到极致，真的成就了淡薄自然。就像钱钟书说的那样："你就是最贤的妻，最才的女。"

「 第三节 」

在人生的低谷该做什么

生活从来就不是一件容易的事情，人总是在不经意间走进低谷。所谓得失，尽在尺寸之间，历经世间琐事，难免遭遇挫折与低迷。人们总是为人生的不顺而烦躁，其实所有的烦恼都是在与自己过不去。

当然，不是每个人都会遭遇落魄，即使头顶的阳光再明媚，也要在心中谨记，人生总有可能遇到低谷，这并不是什么坏事，它会让人得到激励与磨炼，也会更加知道什么是不容易。就像杨绛那样，在被迫披上“隐身衣”后依然咬牙挺胸，一路隐忍，终于走到了柳暗花明。

在中华人民共和国成立前夕，杨绛夫妇本来有过离开祖国的机会，可他们拒绝了对方的好意，一定要留在祖国，亲眼见证解放的时刻。那个年代，知识分子越来越被视做没有用的人，从做出留在祖国的决定那一刻起，杨绛早已预见，等待他们的也许是“冷板凳”的待遇。

不喜欢参加各种“运动”的杨绛，越来越成为人们眼中的一个“零”，换言之，人们眼中的杨绛是那样“卑微”，“卑微”到可以让人视而不见。可她却因为人们的熟视无睹而自得其乐，没有人关注自己，正好可以保持自己最天然的本性。她本就不喜欢在人前出头，更喜欢守在安静的世界里，静观人间的世情百态。

“不出头、不张扬”是杨绛一贯的个性。她留给人们的印象是“个儿中等，身材匀称，皮肤白皙，步履轻盈、端庄”；“没有一般知识分子女性常有的矜持，见人总是和颜悦色，说话慢条斯理，举止温文尔雅”；“是个才貌双全的女子，又是个‘文弱书生’”。

她在不完美的人生中活出了一种平衡，仿佛时刻都能找到一种超然物外的闲适。用从生活中提炼出的智慧，泰然面对一切，自然低调地处理一切事情，从未让人生输给心情，也从未让生活败给心态，堪称一种明智。

即使在各种接连不断的“运动”中被不断打磨，杨绛隐藏在内心深处的棱角也不曾消失。她从不曾失去幽默感，这是她对逆境的嘲讽；她也从不曾失去同情心，这是她对同处倒霉之中的人们的一份关心。她的眼睛始终是那样清澈，没有人知道，在这清澈的背后，她正用锐利的眼光在观察着这个黑白颠倒的世界。

被扣上“牛鬼蛇神”帽子的杨绛，每天都要和别人一样写自我检讨，再交给监管小组审阅。当检讨再返回给她时，上面已经写好了批语：“你这头披着羊皮的狼！”可是杨绛却总认为，审阅她检查的那个人，面容很和善，应该是个厚道的人。她不知道他叫什么，便在心中默默地叫他“披着狼皮的羊”。

在那个年代，家家户户都被要求在窗户上写毛主席语录，住楼房的人只能在室内写，因为要反写字，困难更大一些。杨绛会用左手写反字，她获批了一天的假期去完成这个任务，她完成得很快，在家里足足休息了半天。如果有私事需要请假，杨绛也总是能够得到批准。她曾经请过一次病假，其实并没有生病，只是因为太累想休息一天，竟然也得到了批准。她用那双纯净的眼睛发现，监管小组的"革命群众"其实都是善良的，只是迫于政治环境，成了"披着狼皮的羊"。

其实，很少有人愿意给斯文有礼的杨绛扣上"牛鬼蛇神"这样的头衔，尤其是那些目睹她在逆境中的表现的人们，更是容易对她心生敬佩。在生命的寂然中，她该静则静，以一种优雅的姿态笑对人生。那种纯澈坦荡是一种修为，生命赋予的一切她都坦然接受，既然活着，就要沉得住气。

干校的生活给杨绛留下了不可磨灭的印象，她与钱钟书虽不在同一个干校，却相距不远。每当钱钟书到邮电所去为干校领取报纸时，就会绕道到杨绛看守的菜园里去看看她。每次见面的时间很短，只能说上三言两语，却无比温馨，只要能够见面，就是两个人心中最大的满足。

杨绛曾亲眼看见军宣队在菜园的旁边埋了一具尸体。那是一位自杀的男性，只用芦席卷上就草草埋葬，甚至连棺材也没有一口。

有时钱钟书从干校来看她，她会特意提醒钱钟书路过菜园时小心不要踩到那座新坟，因为那位可怜的死者没有棺材，泥土下面就是他的身体。

后来干校搬家，所有的建筑都被拆除，土地也被拖拉机犁了一遍，临走之前，杨绛依然惦记那个死去的人，特意来到坟地看了一眼，算是告别，可是曾经的窝棚、井台等物都被拆除了，只剩下一片空地，那座浅浅的新坟也找不到了。

善良的人才最美丽，也许善良无法为人生带来财富，却一定能带来快乐。她一直用心呵护着善良之花，将善待他人当做善待自己。哪怕是对待一位死者，也尽最大的可能去呵护，因为她从来不求回报，只求问心无愧。

心中装得下什么，眼中就看得到什么。哪怕世界再冷漠，也不要忘记保留生命的热度。在简陋的干校生活里，时光就这样在坎坷中一点一点流逝。两年的时光看似很短，却可以让生活变成另一种样子。经过了两年的干校生活，杨绛和钱钟书终于以“老弱病残”的身份回到北京的家里。人虽然自由了，可还是要每天开会“学习”。

他们在北京的家原本有四个房间，可是在“文化大革命”中，“革命群众”创造了一条名叫“掺沙子”的革命措施，即每个“资产阶级权威”家中必须有“革命群众”同住，于是一对革命夫妻带着孩子住进了杨绛和钱钟书的家里。

杨绛的友善为自己得来许多友谊，可是唯独住在她家里的这对革命夫妻，依然无法容忍她的存在。即使杨绛夫妇已经走出“牛棚”，恢复了“人身”，依然无法免遭这对革命夫妻的迫害。无奈，杨绛和钱钟书被迫逃离了本属于自己的家，经过了领导的批准，开始了四处流亡的生活。

女儿钱瑗的宿舍成为杨绛和钱钟书的第一个落脚点，那是一座朝北的房间，冬天很冷。钱瑗的邻居和同事们听说了杨绛夫妇的遭遇，都很同情他们，从家里为他们拿来被子、褥子、枕头、锅碗瓢盆甚至油盐酱醋，还有人拿来了炉子和蜂窝煤。

阴冷的房间里只有几张上下铺的双层单人床，还有几张书桌，房间里堆得乱七八糟，落满了灰尘。一向爱干净的杨绛将房间从里到外仔细地打扫了一番，点上煤炉，就可以做饭了。也许没有比这再简陋的生活了，可杨绛的心里却感觉无比舒坦，友好的邻居也给了她无限的温暖。

邻里间相互关怀的友情，超越了一切财富。拥有友情的人才是真正富有的人，你对别人付出多少爱，善待过多少人，就会有多少人用爱去回报你。就仿佛是一本账簿，只不过记录的是爱与被爱，收入与支持相减，剩下的就是盈利。斤斤计较的人，容易舍本逐末，往往失去的也会更多，有什么样的心境，就会获得什么样的人生。

从家中逃出来时，杨绛夫妇只穿着随身的衣服，天气一天比一天冷，简陋的房间无法抵挡住一阵阵的冷风，暖气也几乎没有，杨绛自己可以忍耐寒冷，可她担心钱钟书着凉以后会引发哮喘。她央求一位身材高大的邻居充当保镖，陪着她回到原来的家里取来冬天的衣服，可钱钟书还是冻感冒了。

钱瑗的同事听说了杨绛一家的遭遇，特意腾出了一间教职员宿舍给他们住，条件比那间寒冷的宿舍好很多，不仅家具齐全，还能照进温暖的阳光。已经感冒的钱钟书想在搬家时帮忙，可在打扫一堆尘土时不小心吸进了很多，引发了哮喘，在医院打了很多针也不见好，后来竟然越来越严重，几乎不能呼吸，抢救了四个小时才稍有缓解，杨绛一颗悬着的心才终于放下。

度过了寒冷的严冬，杨绛不好意思长期住在别人的房子里。天气暖和一些之后，她请求军宣队给了他们一间堆杂物的办公室。她的遭遇让人同情，文学所的年轻人主动来帮助她打扫卫生，擦洗门窗，布置好一切家具，还装上了炉子，甚至为他们准备好煤，让他们安心居住。杨绛为大家的所作所为感动不已，其实这也是她善待他人的一种回报。

只要心中有温暖，寒冷的严冬也能活出热度。生活中有着太多的烦恼和不完美，谁也没有办法逃避，唯有放下烦恼去寻找一份快乐，才能活出一份洒脱。

无论处境多么艰难，读书与创作都是杨绛最大的乐趣。在这座“陋室”中，杨绛继续翻译《堂吉诃德》，钱钟书继续撰写《管锥编》，仿佛曾经的遭遇从来不曾发生，只要有书和文字，两人就无比欣慰。

总有一些或大或小的纷扰去搅乱平静的生活，陋室的生活已经不能再简陋，却还有“三灾”时刻困扰着杨绛夫妇：家里藏着一只老鼠，趁他们不注意，专门咬钱钟书的中文笔记；还有蚊子，多得直往脸上撞，厕所里没有灯，每次上厕所都要在脖子上挂上手电筒，还要用手不停地驱赶蚊子；还有杨绛最害怕的白毛虫，软软的，会变成飞蛾。杨绛鼓足勇气用筷子夹住小虫，埋进土里。

所有的一切都不曾影响杨绛夫妇的工作，在这间陋室里，杨绛完成了《堂吉诃德》的全部翻译工作，钱钟书写完了《管锥编》初稿，还完成了《毛主席诗词》的英文翻译工作。每当家中有人来讨论工作，大家便要一同挤着坐在这间狭小的屋子里，这里甚至连一把椅子都没有，只有小凳子供大家坐。

一场大地震让杨绛夫妇居住的“陋室”成了危房。邻居们担心他们的安全，将他们全部的家当和两张行军床都搬到了安全的地方，年轻人轮流请他们吃饭，一家吃完再换一家，每当回忆起地震的日子，杨绛心头总是会流淌过阵阵暖流。

十年的黑暗岁月，让杨绛遭受了许多常人无法忍受的磨难，甚至失去了许多亲人。可是，她仍然将某些行为看成头顶上的乌云，人们在黑暗中滋生出的互相关爱，则是她眼中乌云镶上的金边，无论世界变得多么黑暗，人性永远也不会泯灭，太阳迟早会出来，乌云无法永久地占领天空。

杨绛渐渐习惯了在陋室居住的生活，因为曾经遭受过恶邻的欺负，因此她对如今和善的邻居无比珍惜。她希望用自己的行动作为回报，于是每天主动去打扫三次厕所，还会保护自来水管道，无论是老年人还是年轻人，都对杨绛非常友善，孩子们也会经常来杨绛家里玩，她喜欢孩子，总是把家里的糖果和蜜饯送给他们。

杨绛曾经说过："乌云蔽天的岁月是不堪回首的，可是停留在我记忆里不易磨灭的，倒是那一道含蕴着光和热的金边。"你根本无法想象她曾遭受过怎样的磨难，有人性的人总是有着宽宏的气量，这也是一种高境界的表现。

人并非一定要拥有多少金钱，淡然的生活态度也是一种财富。一份清幽的心境，胜过无数繁华。其实生活中的痛苦也能酝酿出甘醇的美酒，一切都看你是否能用淡泊的心态去包容。每个人都会走进人生的低谷，至于能否顺利地从低谷中走出，全在自己的心态拿捏之间，当你走出低谷的那一刻才会发现，所有经历的过程才是最美的。

「第四节」

只有死别，不再生离

纯净的感情，是对彼此没有任何过多的索求。真爱不需要约束，哪怕相隔千山万水，两颗心也仿佛每天都能见面那样亲密。好的爱情，是两个人相互欣赏，四季相伴，温暖享受，即使没有任何言语，于安静中也能感受到两颗心紧紧相连。

在分隔两地的日子里，杨绛也曾把相思的种子颗颗包起，随风飘散至钱钟书的所在。等待似乎就是为了重逢，这样的心情总是很美丽。

从法国刚回到祖国，杨绛与钱钟书就开始了分居两地的日子。钱钟书独自一人来到昆明，准备在西南联大担任教师，杨绛独自带着女儿圆圆回到了上海的公婆家里。在西南联大，钱钟书是一位受人欢迎的老师，可再多的夸奖也无法比得上杨绛在他心目中的位置。他想念自己的妻子，结婚三年以来，这是他们第一次分开，虽然钱钟书的脸上时常透露着微笑，可他心里想念杨绛和女儿。

杨绛身上独有的气质让他既欣赏，又留恋，也许是杨绛对书的痴迷，让她身上散发着淡淡的墨香，为她增添了无限优雅的韵味。钱钟书怀念和杨绛一同在牛津形影不离的日子，他们常常对坐读书，相看两不厌。

被书香萦绕的女人，很难让人厌烦。她懂得在优美的文字中品尝流金岁月、百态人生，坚定的信念让她酝酿出一种神秘的气质，无论是在多么黑暗的年代里，都闪烁着璀璨的光芒。

杨绛总是三天两头就能收到一封钱钟书写来的信，满满的都是对她的思念之情。当时的杨绛，正在振华女中担任校长，繁忙的工作让她很少有时间考虑自己的事情，如果来不及给钱钟书回信，他就会焦急地等待，甚至在日记中写下“一日不得书，忽忽若有亡”，足以看出，对于杨绛的回信，钱钟书是多么望眼欲穿。

好不容易等到放假，钱钟书迫不及待地给杨绛发来电报，告诉她将要回上海探亲。想到即将久别重逢，杨绛无比欢喜，父亲还特意腾出房间给他们居住。她无比盼望着团聚，两岁多的女儿圆圆好久没有见到父亲，这下也终于有父亲陪她一起玩耍了。

可暑假刚刚过了一半，钱钟书就收到了父亲从蓝田发来的书信，说自己生病，想念儿子，希望钱钟书能过去侍奉。说是侍奉，其实是想让钱钟书离开昆明，到蓝田去教书。杨绛虽然希望钱钟书能够留在清华，可她更能体会到钱钟书的为难，于是将自己的看法保留，不再勉强他。

聪明的女人，总是懂得不让爱的人为难。都说相爱中的人智商为零，那并不是爱让人丧失了智商，而是因为真爱，所以甘愿付出。

距离反而让两颗相互守望的心贴得更紧，他们之间的真情也许并不需要朝夕相伴，是注定的天长地久。因为在这个世界上，也许除了彼此，根本不存在那个最适合自己的人，一样的那么简单，一样的心中有爱。

杨绛知道，如果钱钟书拒绝了父亲的要求，也许在家里就很难做人了。爱不仅是关心，更是理解。懂得理解才能懂得生活的意义，才能用博大的胸怀去包容万物，才能收获幸福与美好。她明白钱钟书并不愿意走，却非走不可，杨绛本来想为他过一个生日，可惜也来不及了。她只能默默地帮钱钟书整理好衣服，告诉他，他的生日将要在路上度过了，自己会在家中为他吃一碗寿面，祝他平安。

既然不能朝夕相守，就在心灵之间相互感应。这是杨绛对钱钟书无声的眷恋，虽然内心希望他留下来，却依然微笑着送他去该去的地方。只要有心灵的相伴与灵魂的牵手，心灵上就可以相互取暖。似乎就连爱情，杨绛也学会了独立，她知道，虽然身处不同的地方，两个人依然互相牵挂，即使相隔遥远，无法互通言语，文字也能让彼此的心头舒适。

去蓝田天的一路，堪称曲折。钱钟书一行人走走停停，竟然走了一个多月。可无论旅途多么劳顿，杨绛总是能不断收到钱钟书寄来的诗，那些字句总是让她既感动又难过，引用的许多典故是只有他们两人才懂的，这是精神上极大的满足。

杨绛就是这样一位安静而优雅的女性，有着高贵、生动、深刻的灵魂。她是一个从容优雅的精神贵族，却有着一份甘愿做普通人的平民情怀。最让她珍惜与感念的就是与家人在一起的日子，家是她心目中的核心。钱钟书不在家的日子，她一面竭尽所能地处理振华女子中学的事务，一面不辞辛劳地承担许多家务。连她的父亲也有些看不过去了：“钱家倒很奢侈，我花这么多心血培养的女儿就给他们钱家当不要工钱的老妈子。”可杨绛却心甘情愿地做好自己一个又一个的角色。她的付出换来了钱家人的尊敬，钱钟书的婶婶夸奖杨绛“上得厅堂，下得厨房，入水能游，出水能跳”。

心灵相通、灵魂相伴，才能称之为爱。当初的遇见，便唯美了一切等待。杨绛把两个人的爱情当做相伴一生的旅程，只要迈出第一步，就要相互搀扶着走过人生的漫漫长路。这是一种刻骨的情，即使不能朝朝暮暮相伴，也要把彼此的好珍藏在生命的最难忘处，一旦重逢，便从此厮守一生。

如果说许多人都愿意把人生主要的时间花在事业上，那么杨绛则甘愿做那个守望家庭的园丁，并且一守就是一生，无怨无悔。她的家中不单单有柴米油盐的生活琐事，更承载着百年悲欢和深切动人的人生温情，闪烁着理想的光辉。

对于杨绛来说，在振华女子中学担任上海分校校长，是她一辈子当过最大的“官”。她为学校付出了自己最大的努力，尽管那段当“官”的岁月让她劳心劳力，连幼小的女儿都无暇照顾，可她依然感谢那段经历，校长生涯让她学到了许多宝贵的人生经验，受用一生。她从来不认为自己是个“官”，时刻谨记着自己还年轻，没有半点架子。可她也看清了，虽然同事们和她相处融洽，却仿佛仍然隔着一条看不见的鸿沟，她懂得，这就是“领导”与“群众”之间的隔阂。也正是从那时起，她下定决心，要“一辈子生活在群众之中，一辈子是老百姓之一”。

人生就是一个大舞台，每个人都在舞台上扮演着不同的角色。也许在社会的大舞台中，每个人都是不起眼的小角色，可一旦回归家庭，你就成为这个家中的主角，一言一行、一举一动都会成为家庭中的焦点。其实，无论是主角还是配角，只要将自己的角色演好，就能无愧于心。

独自在家中苦心经营的杨绛，时刻被钱钟书惦记在心中。分别了一年多之后，钱钟书决定离开蓝田，回到上海，并且再也不回蓝田。杨绛为钱钟书的归来开心不已，婆婆家当时已经住满了人，她之前在附近租到的房子也已经退租，一时之间租不到合适的房子。无奈，她只能在楼下的客堂搭了一张床，和女儿圆圆挤在一起，等待着钱钟书归来。

为了快点回到上海，钱钟书也特意选择了一条路费较贵的线路，顺利地回到了家。当女儿看到一个脸色黑里透黄、胡子拉碴的陌生人，只是好奇地注视，完全认不出来这就是离家不到两年的爸爸。看到钱钟书把行李放在杨绛的床边，她还警惕地提醒这个“陌生人”：“这是我的妈妈，你的妈妈在那边”，说着还指指奶奶，打算将这个“陌生人”赶走。看着女儿的样子，钱钟书几乎哭笑不得，他笑着问女儿：“到底是我先认识你妈妈，还是你先认识？”圆圆反而更加理直气壮：“当然是我先认识，我一生下来就认识，你是长大了才认识的。”

看着父女两个“斗嘴”，杨绛的心中只有甜蜜。家就是人生的驿站，更是生活的乐园。她一直把家当做避风的港湾，外面的苦累在这里都能一扫而光，欢乐与甜蜜填满了她的心灵。

有人说，事业才是一个人的第二生命，它能让女人活得更有尊严与气魄。其实，钟情于家庭，并非彻底与事业隔绝，只是细心地呵护好家庭这个宝贵的避风港，心中所有的烦躁与不安在这里都能一一摆脱。

在《我们仨》中，杨绛把一家三口的每个点滴都描写得那样幸福。她清晰地记得，那次钱钟书在女儿圆圆耳边悄悄说了一句话，女儿马上就和他友好了起来。可究竟是什么话，她也不知道，也在猜想，可能是“我是你小时候陪你玩的爸爸呀，你忘了吗”这才一下子赢得了女儿的友情。因为在女儿的心里，永远也不会忘记陪她一起玩耍的爸爸。

回到上海之后的钱钟书，久久没有找到工作，清华没有选择聘任他，而是选择了一位夏威夷华侨担任英文教员。杨绛虽然觉得，能回到清华任教是最称心如意的事情，可又舍不得让钱钟书一个人去昆明。如今彻底去不成了，反而成全了一家三口的团聚，她早已下决心同甘共苦，一起度过抗战胜利来临前的艰难岁月。钱钟书郑重地对杨绛说：“从今以后，咱们只有死别，不再生离。”

这句话不是什么山盟海誓，却是人世间最美丽的情话。杨绛用守望盼来了一场重新开始，终于可以去迎接至纯至善的岁月。彼此相伴的人生，就连落下去的夕阳都显得那样平和静美，那些分别的日子，就像生命中落下的尘埃，轻轻一擦，就一去不返，从此只剩下不再分离。

“只有死别，不再生离”，是斯守一生的承诺。带着对这份承诺的信任，杨绛辞去了振华校长的职务，成了上海工部局小学的一名教员，几堂课下来，她就能叫出全部孩子的姓名，一下子就震住了这些调皮的孩子，没过多久，这个出了名的淘气班级就被她管理得十分顺利。

她总是这样，有着一种独特的自信和把握，对待爱情如此，对待事业亦如此，看似风轻云淡，却总能将一切做到极致。也许，有时候风轻云淡反而能轻易吹散雾霾，换来一段相互陪伴的恬静人生。

第九章

岁月静好，心安如初

「 第一节 」

让时间唤醒所有记忆

时间能像退潮般冲淡一切，也能像涨潮般在某个不确定的时刻将一切又重新带回人们的记忆里，某个场景就这样不经意间在脑海中回放，似乎重新找回了那些流逝的岁月，回到了从前。

许多人将记忆铭刻在心底的最深处，杨绛却喜欢选择用文字留住时光。她的笔下很少有自己，却又似乎每一个人物都是自己的缩影，每一件往事都是自己的亲身经历。

每当回忆往事时，如果说每次都是同一个人第一个从记忆深处走来，那一定是杨绛的父亲。她用温馨的言语记录下父亲的过往，她出生之前以及年幼不记事时的故事，皆借由翻阅资料来完成。文中记录了父亲从清末留学归来之后，从崇尚革命而被通缉，后又因为看不惯官官相护的现状，愤而辞职改做律师，直至退休。还有她贤淑能干的母亲，一直陪伴在父亲身边操持一切，从无怨言。一家人的悲欢离合在优美的文字中呈现，父亲的为人处世、一家人相互的关爱、母亲在逃难时的遭遇，皆让人敬佩、动容，甚至潸然落泪。杨绛为这样一份文字取名为《一份材料》，交给了中国社会科学院。胡乔木觉得，如此声情并茂的文章哪里是一份材料，于是便擅自做主，更名为《回忆我的父亲》，在刊物上发表。

这篇文章，就是杨绛一家的缩影。正是因为家人的和睦、父亲的开明，杨绛成了明理、坚韧却又温婉的女子。她是爸爸最疼爱的女儿，她最想念的也是爸爸。曾经有一次看到弟弟的身影很像爸爸，她激动得几乎掉泪。

时过境迁，那些温暖快乐的日子，早已没入时间的洪流里。无论是苦是甜，许多事情永远都没办法遗忘，只有将这些往事记录成文字，才是对过去最好的缅怀方式。在文字间安静地回味过去，也不忘憧憬未来。

父亲是杨绛最尊敬的男人，而她最尊敬的女人则是三姑母。她是当时的一位女教育家，读过高等学府，也去日本和美国留过学。杨绛依然记得，三姑母是一位有血有肉、个性鲜明的女性，是日本人残忍地结束了她的生命，杨绛始终为她的不幸遭遇感到哀叹。

时间已经冲淡了许多记忆，但杨绛能如数家珍般细数起自己与钱钟书之间历尽坎坷却温馨的婚姻。在她的记忆中，似乎没有不好的事情，有的全是满满的甜蜜。

学会忘记不快乐的人，总是最幸福的。都说人世间最快乐的人有两种，一种是真傻，一种是真聪明。杨绛应该属于后者，不让不快乐的琐事蒙蔽自己的内心，只去记住那些快乐的，免入庸人自扰的俗套，堪称真正的大智慧。

钱钟书的一部《围城》似乎让他们平静的生活来了个一百八十

度的大转弯，人们总是将书中的角色套用在杨绛和钱钟书的身上，研究的热情越来越高涨，不仅有人打来电话提出各种问题，也有人想方设法登门求见，甚至有人提出要掏出作者的心来看看，搞得杨绛夫妇不胜其扰。

有人提醒杨绛，“何不写篇‘钱钟书与《围城》’”，在书中为大家的疑问做一些解答。杨绛也正有此意，于是这样一部书应运而生，分为“钱钟书写《围城》”和“写《围城》的钱钟书”两部分。

没有人比杨绛更了解钱钟书写《围城》的内情，从构思的那一刻起，直到一个个人物在书中呈现，杨绛都曾经参与其中。其实，并不像读者想的那样，杨绛不是孙柔嘉，而唐晓芙的身上才有着杨绛的影子。写钱钟书时，许多事情杨绛并不了解，她提出问题，钱钟书便回答她，这样一问一答之间，钱钟书人生的点滴就被杨绛一一重新梳理。许多点滴，如果不是杨绛问起，连钱钟书自己都快要忘记了。

回忆就是这般美妙，以时间为轴，牵动着内心。敢于回忆，才能真正释然。那里有一个个熟悉的身影，也有一处处熟悉的景色，几许零落的文字，却能连缀起整个时光。

杨绛用文字将《围城》中的人物砍得七零八落，为的就是让人们知道，书中并没有真实的人，也没有一件真实的事，也许只是凭一点影子，就创造出整个场景。在她的心中，钱钟书有着多重的形象：时而好学深思，时而忧世伤生，唯有“痴气”，贯穿了钱钟书一生的形象。这是一个绝妙的词，在杨绛心中，“痴气”的钱钟书，疯、傻、憨又不脱稚气，是那样一个天真可爱的人。

真正爱一个人，对方在你心里就永远是个孩子。他的好与“坏”，都成了你爱的那个人必不可少的个性。这样的爱，才能堪称完整。

人生过半，经历过甜蜜，自然也体味过艰辛。对杨绛来说，“文化大革命”是一段永远都无法忘记的历史。虽然她只是那段历史的一个小小侧面，却能反映整段历史。她将那段经历中的一串串往事和一个个细节记录在了《丙午丁未年记事·乌云与金边》一书中，书中用人们经历过却无法说清的、耐人寻味的话语，讲述着它的本真。

人们惊诧，原来那段日子还可以这样写，却不知，如果杨绛没有这样仁厚博大的胸怀，是断然写不出这样与众不同的作品的。

可以“总结”的人生，就是没有虚度的。每个人总要有一些值得记录下来的故事，留待日后供自己回味咀嚼。

杨绛将这四篇作品都收录在了散文集《将饮茶》中，而代序《孟婆茶》和代后记《隐身衣》尤为精彩，写的都是她自己，却一个写虚，一个写实。《孟婆茶》中的杨绛，登上了时光传送带，按照号码牌寻找自己的位置，可教师坐满了，作家坐满了，翻译者的座标着英、法、日、西等国名，也都找不到她的名字，这是一条离开红尘俗世的时光机，带着他们喝了孟婆茶，就忘记了前世的一切事情。杨绛还不想遗忘，情急之下跳下了传送带，才发现自己只是在梦里。

传送带上的那些座位，都是杨绛的身份。其实，她在借自己嘲讽所谓的身份、头衔只是活着时的虚名，等到即将喝上孟婆茶的那一刻，才会发现这个世界上再也没有你的存在，你忘记了这个世界上发生的一切，而这个世界也注定忘记你。

《隐身衣》则现实得多，都是杨绛与钱钟书穿了几十年“隐身衣”的精彩往事，个中的不便与好处只有他们自己知晓，虽然不被重视，却总比“国王的新衣”要好很多。

女儿钱瑗是父母的忠实读者，她曾说：“妈妈的散文像茶，一道道加水，还是芳香沁人。爸爸的散文像咖啡加洋酒，浓烈、刺激，喝完就完了。”杨绛却认为，钱钟书的作品很精彩，自己的散文只能称之为平淡。

她不愿意做一朵拥有太多赞美的花，不愿意在人们的赞美声中忘记再美的花也开不了太长时间，反而愿意去做一棵少有人夸赞的松柏，百年不倒，因为无论阳光还是风雨，都触动不了它平静的心。宠辱不惊，不骄不躁，个中心境，胜似仙人。

越是懂得自谦，越是能受到别人的欣赏。钱钟书就一直认为杨绛的散文比自己的好，而且是“天生的好，没人能学”。他对杨绛说：“照常理讲，我应妒忌你，但我最欣赏你。”也许正是杨绛在剧坛的风生水起，才激发了钱钟书写《围城》的念头。

杨绛的文章让人欣赏与回味，是因为她的文字并非为了哗众取宠，而仅仅是为了记录下自己的回忆。她也想试试自己能不能像钱钟书那样写小说，于是动笔写下了长篇小说《洗澡》，写的也是那些她听过、见过甚至亲身经历过的故事，却没想到，一经出版，就轰动一时。

钱钟书写《围城》时，每写一章，就叫杨绛读一章，杨绛也效仿他，每写一章，就叫钱钟书读一章。《洗澡》是她第一次经受思想教育的经历，既叫“脱裤子”，也叫“割尾巴”，故事虽沉重，语调却轻松，人们总是被那些活泼的语言逗得会心微笑，却在微笑之后引发无尽苦涩的反思。

女儿担心杨绛的这本书“走入了禁区”，杨绛却认为：“我并未认为知识分子不需改造思想，人人需洗练。但这是个人的觉悟，政治运动无补于事。”

我就是我，本应洒脱。世界上总有无数双眼睛在看着你的一举一动，你若处处在意，最终也只能落得谨小慎微，却也未必不遭诟病，索性随性而为，用最潇洒的姿态坦然面对世俗的眼睛，周身便能笼罩起一个隐形的“保护罩”，所有流言蜚语最终都将幻化于无形。

杨绛用《洗澡》向世人宣告着自己的洒脱与无畏，越是这样从容，越是能受到读者的钦佩。人们评价杨绛是“语文高手”，盛赞《洗澡》是“半部《红楼梦》加上半部《儒林外史》”。杨绛依然保留着自己的幽默与乐观，用她一向擅长的反讽与妙语，描述着遭受挫折的男男女女试图在新的社会秩序下寻找着落的那个年代。她不是没有察觉到政治的狂热和人性的残酷，只是无论如何，都无法磨灭她的幽默感和同情心。

人只能活一次，不能活得太累，应该活得精彩、活得潇洒。不过于沉溺于悲伤，即便喜欢回忆，也只是为了一个新的开始。因为沉溺于回忆会让人忘掉如何快乐，永远徘徊在悲哀的情绪里。昨天可以怀念，却不能念念不忘，所有的记忆都是为了明天寻找希望。

有人喜欢将《洗澡》看做《围城》的姐妹篇，在杨绛看来两者却大不一样。《围城》是一部由主角连贯而成的小说，《洗澡》却是由那个特殊的政治背景牵连出的形形色色的知识分子，她从不认为自己的作品中有主角，有的只是对话与描述。她擅长的是温润的笔调，而不是《围城》那样尖刻的讽刺与挖苦。

似乎连文字上的创作，也无法让杨绛把自己当成一个学者。她永远认为自己是普通人，是“灶下婢”，即使一篇又一篇的作品问世，她也没有以放弃家务为代价。甚至，许多作品是她在料理家务与看护病人的忙碌中偷空写成的。

用心，便能成事。因为某些原因而放弃某件事，大多只是找借口。最美好的未来，一直走在路上。回忆并不是为了让自己陷入无边的寂寞，只是通过缅怀光阴，让自己总结出更多的感悟。生命很短，却又很长，人在一生的旅途中总会邂逅许多五光十色的希望和黯淡无光的失望，可是不同的景色、不同的人总会随着脚步的不断移动而渐行渐远，又于多年之后在记忆中开出朵朵斑斓的花。

「 第二节 」

深爱，便竟其未完之事

很少有人能说清爱情究竟是什么东西，却人人都能说出，如果爱，请深爱。一个爱字，可以包容一切，甚至跨越生死。死亡并不能成为爱情的终点，留下来的那个人，用余生去完成对方未完成之事，爱在点滴间酝酿出醇香。

平淡的生活，无法像剧情那样时时上演浪漫的情怀，当两个深爱的人阴阳两隔，那些曾经澎湃激昂的情怀与美丽的回忆，时不时就会湿润了眼睛。直到钱钟书离世的那一刻，杨绛才忽然发现，曾经的甜蜜与浪漫已经被卷进回忆的旧巷里。岁月的溪流泛起点点水花，一切的思念只能从钱钟书留下的文字中搜集。

女儿钱瑗与丈夫钱钟书的相继离世，让这个世界上仿佛只剩下了杨绛一个人。对于杨绛来说，这不仅是天人两隔的永别，更是自己生命中的一部分被生生地夺走了。那是一种常人无法理解的痛，不仅痛在身上，更痛在心里，也许精神上的折磨比肉体上的折磨要更疼一些。对于相爱一生的人来说，无论哪一个离开这个世界，留下来的那个都无法承受，这是一种任何医生和药物都无法治愈的痛，除了忍耐，没有其他疗伤的方法。

杨绛说过："钟书逃走了，我也想逃走，但是能逃到哪里去呢？我压根儿不能逃，得留在人世间，打扫现场，尽我应尽的责任。"

爱的最高境界，是经得起平淡，更是在对方走后，耐得住一个人留在这个世界上的寂寞。心有眷恋，便是幸福。有人说，爱情既是分钟，又是世纪。因为爱情中的甜蜜总是如闪电般转瞬即逝，却又能在我们身上跨越生死，在这个世界上永存。

杨绛用"打扫战场"的行动，让她与钱钟书之间的爱情得以升华。在钱钟书留下的每一个文字里品出懂得，在每一段回忆里回味柔情似水的爱意，用杨绛自己的话说："自己的责任太多了。"钱钟书留下了无数的手稿和读书笔记，收藏了许多文物，这一切的事务都在等待杨绛整理。这是一项沉重的工作，也很繁琐，必须付出极大的精力才能应付。已经心力交瘁的杨绛，将这项任务当做疗伤的特效药，伤痕累累的心仿佛找到了一处避风港，渴望逃避的心也找到了归属，这才让她顺畅地歇了一口气。

也许，忘掉自己，就是逃避。钱钟书留下的藏书并不多，杨绛在家里收藏的几柜子书中寻寻觅觅，希望能够找到一些能够安慰自己，或是指导自己的书，最好是能找到一本可以让自己逃避一切哀伤的书，让自己一头扎进书里，忘记现实，忘记自己。

那段时间，她读了许多的书，既有中国古圣贤孔子、孟子、老子、庄子的书，也有外国的《沉思录》《金玉良言》《柏拉图对话录》等等。她将柏拉图的《斐多篇》读了许多遍，里面的话似乎让她理解了生死的意义，于是她决定翻译这篇对话。

《斐多篇》是苏格拉底就义之前说的一番话，谈的就是生死与不灭的灵魂。所谓死，不过就是灵魂和肉体的分离，死去的人是灵魂离开了肉体而独自存在。心中有爱，对方的灵魂就会时刻萦绕在你身边，似乎从来不曾离开。

真正的智者是不怕死的，他们一直在追求智慧，而不是肉体，可以说他们一直在练习死。当人死后，没有灵魂的肉体，只能叫做尸体，尸体会腐烂，而灵魂却永远不会幻灭，它可以在任何一个地方生存。这些都是苏格拉底的观点，他坚信灵魂不灭，真、善、美、公正等永存世间。

杨绛不懂希腊文，哲学也不是她本来的专业，翻译这篇对话时自然要费一些心力。可她不怕费力，她需要的就是一件能让自己全心投入的事情，从而忘掉自己。可身体却无法忘记自己，她太过劳累了，身体时刻在提醒着她，再这样下去恐怕会坚持不住。

朋友们担心杨绛的身体就这样垮下去，建议她到大连去休息一下，她同意了，在这座美丽的海滨城市住了一个月后，身体才渐渐恢复了。

专心做一件事情，就好比“过五关斩六将”，解决掉一个疑难的问题，就是闯过一关，但遇到一个进退两难的难关，不妨先搁置一下，让身心得到充分的休息与放松，所有的难关会在一瞬间突破。

放松了身心的杨绛，忽然想起钱钟书曾经说过，西洋古典书籍最好的版本是《勒布经典丛书》，于是托人找到了勒布翻译的版本，对着书本再三修改，不仅改掉了之前翻译的所有错误，还对《对话录》有了更深刻的了解。

她如同讲述般娓娓道来的语调再次获得了成功，她笔下的《斐多篇》没有晦涩难懂的哲学术语，只有生动如戏剧般的对话。越是浅显的道理越能打动人心，从杨绛的文字间仿佛能看到书中每个人物的表情、神态和语气。

杨绛译注的《斐多篇》出版之后，人们盛赞她充分还原了该书的文学价值和哲学价值。读者们不仅赞赏杨绛流畅的文笔，更为她未因遭遇重大不幸而封笔感到高兴。她还是那个文笔轻盈自然的杨绛，接连失去亲人的悲痛没有将她打倒，这是让所有人都感到欣慰的事情。

越是深陷痛苦之中，越能彰显朋友的真正意义。人有许多朋友，却大多都是普通朋友，真正能有心灵感应、情感交流的朋友最难寻觅。真正的朋友，会在困难时抚慰心灵，鼓励和激励自己，总能传递出一份来自心间的温暖，一句懂你胜过千言万语。

随和的个性让杨绛与许多朋友一直保持着亲密的友谊，每个朋友都为她的遭遇感到痛心，担心过度忧伤会影响她的身体健康。在德国担任教授的莫芝宜佳不远千里来中国探望杨绛，还陪她一起在大连住了几天，又一起回到北京。

她知道，杨绛所做的一切都是在压抑内心的忧伤，忧伤不止，工作便不会停顿，于是她主动提出帮助杨绛分担一些工作。

能一同承担痛苦，才是真正的朋友。在最无助的时刻出现的友情，总是让人倍加珍惜。可朋友并非从天上掉下来的，而是靠你自身的魅力吸引到面前的。朋友在你孤独时给你快乐，失败时给你安慰，寒冷时给你温暖，当朋友遭遇挫折时，你对朋友也应当如此。

一直以来，杨绛都在固执地做着自己，如今她更是选择用点滴的光阴来回忆过去，从相识到相知，再到彼此搀扶着走过人生的全部历程，文字虽无法详细记录那份真实的情感，却也可以写尽两个人之间的故事。

她想把钱钟书大量的中文和外文笔记与读书心得整理出来，这些文字从20世纪30年代开始记录，直到90年代，大部分都是手写，杨绛反复整理之后，总结出了三类：

第一类是外文笔记，有了一百七八十册笔记本，还有许多打印稿，加起来一共三万四千多页，包括英、法、德、意大利、西班牙、希腊、拉丁文等多种文字；第二类是中文笔记，里面有钱钟书自己的评论和评语，数量与外文笔记不相上下，只不过部分笔记在政治运动中被毁掉了，剩下的内容不仅支离破碎，而且散乱，整理起来最费功夫；第三类是日札，都是钱钟书的读书心得，较读书笔记要少一些，有二十三册，两千多页，有中文也有外文。

这些文字陪着钱钟书从国内到国外，从上海到北京，从干校到学部，从铁箱、木箱、纸箱到麻袋、枕套，历经磨难，伤痕累累。许多纸张因为年代久远，已经发黄变脆，字迹模糊破损，很难辨认。杨绛却不嫌麻烦，对她来说，这里的每一个字，都能勾起她对钱钟书的怀念，这是钱钟书留给她的宝贵财产，她要用生命去呵护。

每次整理时，杨绛都小心翼翼地揭开脆薄的纸，中间夹上纸条，然后根据纸条清点数量，七万多张手稿，每一张都耗费了杨绛极大的时间和精力。

对于懂得爱的人来说，每一份的付出都比收到任何回报要快乐。真正的爱就是付出，喜欢得到回报，只能称之为喜欢。真正的爱是只为一个人在心中留有一席之地，那是一种隽永得难舍难分的情愫，是只为一个人的牵挂和想念。

只有杨绛知道钱钟书未完成的夙愿，他曾经打算用英文写一部论外国文学的著作，所需要的素材和理念都已经准备好，可惜永无休止的政治运动让大好的时光白白浪费，还没有来得及落笔，疾病就先一步到来，人已离去，却壮志未酬，杨绛替钱钟书感到遗憾。

钱钟书生前总是喜欢把自己读书笔记中的精彩片段读给杨绛听，杨绛也曾经想过要把破损的地方补好，可钱钟书却说已经没用了。如今想来，这些笔记也许对研究中外文化的人有些用处，这是钱钟书用一生的时间去积累的知识，杨绛不能让它们就这样荒废，哪怕倾尽余生的精力，她也要把这些内容保存妥当。

爱情里面包含了太多的东西：吸引、信任、理解、忠诚。可是如果掺杂了和它本身无关的算计，那就不是真正的爱情。对爱情不够执着、不够坚定的人，总是会因简单的诱惑而偏离原来的轨道，让爱情不再纯粹。只有经过艰苦持久的经营，爱才能变得越来越深。

杨绛最大的愿望是能将钱钟书留下的这些笔记出版，既是为自己留下一份珍贵的怀念，也是给喜爱文学的人一份指引。不过，想要出版数量如此之大的手稿，需要巨额的资金投入，虽然钱钟书的这些手稿有着巨大的学术价值，可究竟有多少人会像杨绛一样，懂得这些手稿来之不易？

幸运的是，商务印书馆愿意投入三百万元将手稿出版，并将这些手稿通过扫描发行，充分保留了手稿的原貌。这让杨绛无比感激，手稿的存在更能让她感到“死者如生，生者无愧”。

在绝望时看到希望，也许这是真爱赋予的力量。杨绛把钱钟书的手稿当做一朵世间最宝贵的花，用心守住那一片馨香清远。这是唯有来自灵魂深处的爱才能完成的壮举，一段段美妙的文字，记录着丰富多彩的一生，她愿意用自己的余生去保留这一幅幅精彩绝伦的画面。

真爱究竟长什么样子，谁也说不清，杨绛却用自己的一生进行了真实演绎。她陪着自己深爱的人走过了人生的坎坷，走过旅途中的风雨，将岁月中的波折走成了平顺，心存着一份深爱的执念，一直陪着对方走到了白头。那份爱从少年时期便一直存在，一直洁白无瑕，一直纯净，哪怕是走到了生命的尽头，也愿意相互约定期待来世。当深爱的人离开这个世界，她便一个人默默地完成他的未完之事。

「 第三节 」

时间与死亡冲不淡的真情

如果说愿意时刻厮守在一起的是爱情，那不图回报，心甘情愿去付出一切的，就是真情。每个人对待爱情都有着不同的见解，从对待爱情的态度，足可以品出一个人的性情。

自幼便见惯了父母之间言语不多，却彼此真心付出的爱情，杨绛也深受感染。她时刻按照母亲的标准要求自己，对待所爱之人毫无保留，却没有奢求，更不会有半点怨言。爱情总是会让时间显得短暂，还没来得及细数温情，转眼已经白头，病痛先一步找上门来。

20 世纪 90 年代初，杨绛的脑血管病刚刚治愈，钱钟书又在一次体检中检查出疾病。他本来没有任何不适的症状，可医院却要他住院治疗。杨绛在钱钟书身旁陪伴了一生，她不放心他一个人住院，于是一同陪他住进了医院。医生们理解几十年相守的意义，他们明白杨绛心里的焦虑，让她也坐在旁边一同看 CT 检查的屏幕。她在心中默默祈祷，希望钱钟书不要遭受手术的痛苦，可检查结果显示，他的输尿管中长了瘤子，那个部位已经变形。

这是一项极大的手术，大夫们也慎重地反复检查、会诊，拍了许多片子，可一个月后还是通知杨绛需要手术。杨绛知道在手术通知单上签字代表的含义，也许进了手术室的门，便从此天人永隔。她不敢让钱钟书知道自己的病情，可为了争取一线活下去的希望，还是咬牙签字同意手术。

危机之中的选择，最能彰显一个人的智慧。做出任何一种选择，都代表着面临另一种失去，可如果一味地追求稳妥，可能失去得更多。

真正的爱情是最强烈的依恋，是无私专一、倾尽全心全力的最真实的情感。彼此尊重才能相互恩爱。杨绛已经习惯了用一颗平常心去面对一切，用坦然去化解内心的纠结。她带着女儿在手术室外忐忑不安地等了六个小时，终于等到手术顺利结束，医生取出了输尿管中的肿瘤和一个坏死的肾，母女两颗悬着的心这才放下。

杨绛看到大夫推着钱钟书走出手术室，几乎含泪给大夫跪下，她十分感谢做手术的邵医生，她知道，站六个小时已经是极辛苦的事情，何况还要保持同一姿势。经受着内心的极度煎熬，依然理解他人的不易，这就是杨绛一贯的个性。

越是深爱，越是有着割舍不断的牵挂，看着钱钟书身上一共缝了四十多针的伤口，只有杨绛自己才知道有多么心痛。每天，她只被允许在医院看望钱钟书十分钟，直到离开特护病房之后，她才能重新入院陪护。医生不允许钱钟书看书，杨绛就每天陪着他说话，两个人说了一辈子的话，却依然有说不尽的话。

哪怕是病魔，也无法拆散这份用大半生时间酝酿出的真情，这份神圣的力量可以战胜一切。

钱钟书在春天出院了，对于杨绛来说，出院这件事情本身就是春天真正地到来。她的心中早就被春风吹开了一座花园，那种欣喜甚至比当年结婚的时候更加浓厚。

结束了在医院两个月的生活，回到家的钱钟书自然无比高兴。照顾他的重任，依然落在杨绛的身上。杨绛一直认为，自己的身体比钱钟书的好，照顾他是理所应当的。可她自己也患上了心脏病，经常心绞痛，胃也剧烈地痛。也许是一直紧绷的神经终于得到了放松，回家之后，她竟然成了病人，只感觉到疲惫头晕，连走路也要扶着墙壁。

杨绛从前也有过头晕的毛病，是不消化导致的，晕的时候会感觉天旋地转的，不能睁眼，不能吃东西，不能动，只能闭着眼睛休息。可这次却和从前的感觉大不相同，用她的话说，自己就像是一杯水，“杯子在旋转，水就随着旋转”。她走路的时候仿佛踩在云雾上，飘飘浮浮，出去散步反而需要钱钟书扶着，哪怕是身边有一辆汽车开过，带起的风似乎都能将她吹倒。

当生命走到晚年，人们才能真正理解爱情与婚姻的意义，平静时相互扶持，病痛时彼此照顾，真正的情感无法被时间冲淡，反而需要时间去见证。

杨绛得的是冠心病，左心室肥厚，主动脉硬化，还有高血压。她不好意思麻烦给钱钟书看病的李大夫为自己看病，只请他的女徒弟为自己把脉，可李大夫却认为，杨绛的病不好，钱钟书的病也不会好，坚持为杨绛看病抓药。这下，两个人一同成了病人，每天一起煎药，一起服药，反而滋生出许多快乐。服药之后，钱钟书还要拉着杨绛出去走走，他说，这叫“行药”，通过散步来散发药性。也许，彼此搀扶间的那份真情，比任何良药都更加有效。

也许，轰轰烈烈的激情，反而比不上平平淡淡的柔美。这种默然不言的平淡情感，能渗透进生活的每个角落，只要用心品味，就能发现它的美。浸染在这样一种情感里，就仿佛一股宁静深沉的清水浇灌在干涸的土地上，那种润物细无声的感受，让人在任何焦躁的时刻，都能如同闲庭信步般淡定。

珍惜生命的人，无法容忍闲暇的时光被虚度。杨绛敦促着钱钟书选定《诗存》，告诉钱钟书："你我都已似风烛草露，应自定诗集，免得俗本传讹。"钱钟书认可她的见解，于是整天把自己的诗改了又改，杨绛就在旁边帮他推敲字句，如果感觉某处不妥，就马上指出。

钱钟书改好的诗，杨绛就帮他抄下来。钱钟书以为自己的身体还健康，可杨绛却看得出来，他的精力已经大不如前。她心疼钱钟书，虽然头晕，也坚持抄诗，不过也抄错了许多字。她告诉钱钟书："我只管抄，你管校；自己的诗，自己校容易。"有时杨绛觉得自己的字写得不好，打算重抄，钱钟书心疼她，硬说抄得很好，坚持不让她重抄。

《槐聚诗存》是两个人彼此心疼与照顾之间结出的硕果，整部诗集选定抄好之后，钱钟书拉着杨绛的手感激地说："你是最贤的妻，最才的女。"

彼此守望，就是一种快乐，用最诚挚的心去对待最唯美的时光，也许做一件对的事，收获的是快乐，而守望一个对的人，收获的就是一生的幸福。

钱钟书对杨绛说："咱们就这样再同过十年。"杨绛却觉得这已经是一种奢望，她没有这么"贪心"，能够一起再生活三到五年，她就非常满足了。杨绛向来认为钱钟书"笨手笨脚"，他不会系表带，每天都是杨绛帮他戴上，晚上再帮他解下来。可自从发现杨绛担忧两个人的健康之后，钱钟书就提出让杨绛教他戴手表，杨绛就为他换了一条松紧的表带。

钱钟书从来没有见过杨绛身体这么虚弱，他也担心极了。他常说，杨绛是这个家的支柱，更是他自己的精神支柱，他认定杨绛是被这么多年的生活累坏了，积劳成疾。他无法想象杨绛倒下，更不能想象，如果没有杨绛，自己该怎么生活。

也许是忧愁成疾，钱钟书到底还是先杨绛一步病倒了。先是高烧，发现是肺炎，再检查之后发现膀胱长出了三堆癌细胞。手术切除之后，又导致了肾衰竭，抢救了十多天才渐渐恢复，可是却虚弱得没有办法进食。杨绛把鸡、鱼、虾、土豆、蔬菜等有营养的东西打碎成泥，加上骨头汤，用“鼻饲”的方法喂给钱钟书，一连照顾了两个月，自己的身体也支撑不住了，连医生也命令她回家休息。可她依然对钱钟书放心不下，每天上午都要去医院看望，下午在家里做鼻饲。

她在用尽所有的努力去挽回钱钟书的生命，直到此刻，她才发现自己并没有想象的那么坚强，虽然再大的努力也未必能换来想要的结果，可她坚持用心对待，即使让钱钟书在病中舒服地度过一天，也是极大的安慰。

女儿时不时回来帮杨绛干活，可当女儿住院之后，家里真的只剩下了杨绛一个人。家里的保姆和医院的护工先后辞职，这下彻底累坏了杨绛，白天要在家做鼻饲，晚上要在医院通宵陪护钱钟书。为了防止钱钟书在夜里自己拔管子，杨绛经常手脚并用，一条腿压住他的袖管，两只手压住他的一只手，还要防止他掀被子，对于一位八十五岁的老人来说，这简直就是不可能完成的任务，如果不是基于一生积累下的真情，也许根本没有办法做到。

杨绛不敢告诉钱钟书女儿的病情，女儿住院期间，杨绛每天为父女两个“传话”，还把女儿写的文章读给钱钟书听。女儿去世后，杨绛传的话都是自己编的内容，钱钟书似乎有所觉察，闭上眼睛不愿意听。她尝试着一点一点告诉他实情，先是说女儿不咳嗽了，再说能睡觉了，再说病好了，直到一星期之后才告诉钱钟书：“她已去了。”钱钟书马上开始发烧，却也心安了。

这就是人间最奇妙的亲情，一家人相伴着度过了人世间的酸甜苦辣，不求多么富贵，只希望每一天都充满温馨。这是灵魂上的愉悦，无论在何时，都能感受到亲情的温暖和力量。当亲人脆弱的时候，自己比亲人更加难受。

在病中，杨绛就开始整理钱钟书的手稿，整理成册后，女儿还为册子题名《石语》，没想到，这竟然成为一家三口最后的合作。钱钟书在病中，不能为书作序，杨绛就代他写了一篇，写的全是钱钟书想说的话，他们是心灵上的伴侣，彼此的想法早就合二为一。

钱钟书的病情越来越严重，杨绛坚持每天去看他，既是给他安慰，也想帮他减轻痛苦。两个人以前只要见面，就有说不完的话，后来钱钟书没有力气说话，就捏捏杨绛的手，到最后只能用眼神交流，眼神中充满无限的情意。

杨绛从不希望自己能活太久，只希望自己能比钱钟书多活一年，照顾他。钱钟书交代过杨绛，自己死后不留骨灰，不设灵堂，不摆花篮，不举行告别仪式，不开追悼会。可是他在凌晨去世，杨绛陪了他一生，却没有见到最后一面。杨绛赶到时，摸着钱钟书尚温热的身体，轻轻在他耳边说：“你放心，有我呐！”

她谨守着钱钟书的遗愿，国家希望为钱钟书举办追悼会，可在杨绛的坚持下，中央领导也尊重她的意愿。面对安慰自己的人，杨绛反而显得无比平静，反过来安慰别人。

火化的那天，钱钟书的中山装里面穿着杨绛亲手织的毛衣毛裤和女儿做的裤子，杨绛希望，一家人的情意到什么时候都不会消散。她一直陪着钱钟书的遗体直到焚化炉前，久久不肯离去，难舍难分，让人动容。她尊重钱钟书的遗愿，将骨灰撒到了北京郊外的大地。

没有了钱钟书和女儿，杨绛只把这里当做人生旅途中的客栈，家到底在哪里，她还在寻觅。

世界上，有一种感情可以沁骨，可以穿过岁月的经络，抵过世间万千的暖。在最美的年华遇到，为了对方忘却了自己，不是诗，却比诗更加浪漫；不是酒，却比酒更加醇香。

她要用余生去回味两个人之前的沁骨真情，那份暖仿佛可以穿越几十年的岁月，重回那个最美的年华，回到相遇的那个时刻。这份回忆比诗更加浪漫，比酒更加醇香。

「 第四节 」

不落浮华，优雅老去

走过浮华的人，只有在浮华过后才会明白，拥有再多的东西，也总有失去的那一刻。其实，我们想要的东西很少、很简单，却很难真正拥有。

如果被浮华的欲望蒙蔽了双眼，生命也难以清澈，更不可能优雅从容地生活。优雅是一个美丽的词汇，更是一份宠辱不惊、去留无意的品性。优雅的人，不会因别人的一句评价而影响自己的行为，就像从外文所退休后的杨绛，人人都说她不务正业，可她却坚持凭自己的喜好写下一部又一部文学作品。

从 20 世纪 90 年代开始，杨绛和钱钟书就陆续收到出版社发来的版税，两个人的收入相比从前一下子增加了不少。可金钱并未给他们的生活带来太多变化，岁月让他们习惯了简朴，越多的钱反而成了负累。杨绛和钱钟书打算把多余的钱捐出去，设立奖学金，可还没来得及实现，钱钟书就开始连连生病，虽然病重，可当听到杨绛再次提起奖学金的事，他还是保持着清醒的状态。在病榻前，两位耄耋老人为奖学金一同取了名字，他们商定不用任何一个人的名字，就叫“好读书奖学金”，专门用来帮助那些爱好读书却家境贫寒的学生顺利完成学业。

杨绛一家三口都把读书当做共同的爱好，毕生的追求也是读书治学。杨绛曾说：“收到几十万元稿费得跑银行，还要去税务局交税，麻烦，著作权拿在手里更是烦心事，有时难得认真起来还要与人打官司，不如交给学校管理。”

杨绛一生“懒得做”的事情太多，她“懒得”当官，“懒得”参与政治运动，“懒得”在工作中出风头，如今又“懒得”拿钱，这并非真正的懒惰，而是一种淡然与释然。经历了世间的至苦，就能看透一些事情，以一颗淡然的心去理解过往，以一颗豁达的心去面对未来的人生，其实没有哪些人或哪些事值得自己去执着。

杨绛始终对清华大学有着一份特殊的情感，也许不仅是因为她与钱钟书都曾经在这里读书和教学，更是因为这是两个人爱情开始的地方，月老在这里为一对有情人牵下了红线，从此文坛多了一对伉俪情深的夫妇，就连女儿钱瑗都把清华当做童年美梦的摇篮。

杨绛把钱钟书的作品逐一安排妥当后，便将七十二万元的稿酬捐赠给了“好读书奖学金”，并同意将以后收到的稿酬也进行捐赠。她的心中有着一个美好的愿景，她希望那些家庭经济拮据的学生，能够在“好读书奖学金”的帮助下顺利完成学业，有朝一日能够回报祖国、回报社会。

虽然几百万元在清华大学的各项奖学金中并不算最多，可是数字无法衡量它所带来的人文价值，这几乎是杨绛和钱钟书一生的绝大部分收入，他们一生清贫，却将一字一句辛苦创作所换来的稿酬全部捐献出来，也许世界上很少有人能像他们一样如此看轻金钱的价值，有着一颗如湖水般宁静的心。

因为他们曾经见证过繁华，也看到过繁华散尽后的苍凉，丰富而坎坷的经历让他们明白了这就是人生，没有永远的繁华，唯有平淡才能长久。即使是年轻的时候，杨绛也从未轻狂，随着时光的流逝，那些浮华的人生更加教会了她，虚无缥缈的满足感远不如真真切切做些事情来得实际。

杨绛时常能收到获得“好读书奖学金”的学生的来信，大多是向她表达谢意和敬意。杨绛在信中可以看到这些学生的学习和生活，这些生动活泼的文字中满是青春气息，有个学生喜欢用图形表示表情，她希望杨绛常常有笑容，看得杨绛十分高兴。

学生们的来信，杨绛总是看得很仔细，她把他们都当做可爱的小朋友去关心和爱护，说起每个学生的志趣和性格，她都如数家珍。一位家庭十分拮据、母亲还患有精神疾病的学生，总是让杨绛很惦记，她托人为这名学生带花，鼓励她坚强面对一切。这是杨绛在抗战时期的切身体会，越是艰难，越会让人坚强。

虽然杨绛已经闭门谢客多年，可每当有获得奖学金的学生们登门看望，杨绛总是愿意接待。学生们曾经亲手用糖纸叠了一罐五角星送给她，表达希望她长寿的祝愿。这份珍贵的礼物，始终被杨绛当做宝贝一样收藏在书柜中。

这个世界时时刻刻地在改变着每一个人，杨绛却从未想过要去改变这个世界。她对自己的人生有着准确的定位，心怀淡然，善良待人，这才是她追求的最高境界。有人说没人可以做到与世无争，这个纷繁的世界要求每个人都要有着过人的本领，如果一定要这样定义，那杨绛的本领就是淡然，淡然于世才是不战而胜的不二法则，这是一种强大的胸怀，任何流言蜚语都无法让她改变初衷。

在人生的不同阶段，杨绛总是能听到身边的人对她或多或少的“微词”，邻居们说她傻，白白捐掉几百万，还不如买一栋别墅给自己住。杨绛只是笑笑，不做过多辩解，追求不同，想法自然不一样，再多的解释也无法达成共鸣。

清华大学教会了杨绛“自强不息，厚德载物”，这也是她对“好读书奖学金”获奖同学的期望。带着在岁月中培养出来的平和，杨绛一个人在有条不紊地“打扫战场”。她把自己的每一天都安排得忙忙碌碌，看似已经从痛失亲人的阴影中走出，其实她只是把所有的悲痛都深藏在心里。

这个家留给了杨绛太多的回忆，抹掉任何一点，她都不舍得。因此，当小区集体装修房屋时，杨绛请求他们让自己家“例外”，维持原样。从一成不变的空间里，仿佛还能找到往日温馨的点点滴滴。

她喜欢卧室窗前的柏树，虽然枝叶稀疏，但有两只喜鹊在那里筑巢。喜鹊一家的每一件小事，她都看在眼里，从筑巢到小喜鹊诞生，再到小喜鹊夭折，她的情绪因喜鹊一家的聚散悲欢而悲喜，双鹊对空巢的悲啼将杨绛深藏在心里的伤痛又翻了起来，其中的悲苦只有她自己才知道。

浮华背后是寂寥，那些一家人共处一室的温馨时光已经一去不复返，只剩下一个人的杨绛需要沉淀，用足够的时间去反思、去回味，才能让余下的生活不那么枯燥无味。

每到节日是这位独留人间的老人最难过的时候。“每逢佳节倍思亲”，怀念起一家三口曾经的温馨幸福，杨绛决定，她要写一个女儿，让她陪着自己。在《我们仨》里，女儿圆圆成了主角，在文字间回忆往事，一家三口聚了又散，每一页纸上都落满了杨绛斑驳的泪滴。

每一个字似乎都弥漫着杨绛那难以言表的忧伤与辛酸，书中的“我们仨”是世界上可遇不可求的一个结合，人们羡慕这样一家人的存在，也为这一家人的“失散”感到悲痛和惋惜。杨绛感慨：“世间好物不牢坚，彩云易散琉璃脆。”不要把时间看得很长，以为用不完，其实它很短，短到你没有感觉就流逝了。

生命也是一样，只有一次机会，这让它显得那样宝贵和奢华。活在当下，才是对人生的不践踏，每一次走在生命的边缘，都能诱发杨绛对生活产生一些全新的感悟。

杨绛曾经在2005年的除夕前几天发烧住院，可在医院的生活却让她思考出了下一部作品的命题——《走到人生边上》。这是在病床上想出来的题目，从这部“自问自答”的文字中，隐约可见杨绛已经穿越了生死界限，与逝去的亲人们在思想上得以重聚。她甚至在文中设想，自己登上天堂和亲人们相会的那一刻会是怎样的情景。

杨绛近乎执拗的文化品性，注定她一生低调，她不愿在人前讲述自己的情怀，只在文字中默默表达对女儿和爱人的一腔真情。中国社科院曾经主办纪念钱钟书诞辰一百周年的学术研讨会，杨绛恪守钱钟书的遗愿，拒绝参加。家乡无锡的领导想要修复钱钟书、杨绛家的老宅，杨绛一口回绝：“我们不赞成搞纪念馆。”

这一切都是她在用行动呵护自己的承诺与爱情。即使钱钟书已经斯人远去，可每当谈起两人的事情，杨绛总是喜欢用“我们”二字，两个人的志同道合，让杨绛感到无比欣慰，没有大志向的两个人，只愿贡献一生，做做学问。

人生似一场无悔的修行，一场场邂逅，一次次遇见，只为遇到一个对的人。哪怕那个对的人已经永远离开了自己，杨绛的心中依然充满着牵挂和难舍难分。相遇是一场命定的缘分，相伴几十年，历经生死，她从没有后悔遇到了这样一个“痴气”的人。

她始终将文化奉为信仰，也一直相信人性。正是这种坚信，让她和钱钟书即使在不幸中，依然书写着浪漫的传奇。如今，自称走到了人生边缘的杨绛，比从前更加通透，她说：“年轻时曾和费孝通讨论爱因斯坦的相对论，不懂，有一天忽然明白了，时间跑，地球在转，即使同样的地点也没有一天是完全相同的。现在我也这样，感觉每一天都是新的。”

人到晚年，才开始研究哲学的定义，探讨人生的价值和灵魂的去向，不得不说，这是一种勇气。杨绛不喜欢任何一句理论或教义，只喜欢凭借自己的生活经验去独立思考，自问自答，能够证实的就被肯定，不能证实的就继续心存疑惑。

杨绛在书中问自己，“真、善、美看得见吗？摸得到吗？看不见、摸不到的，不是只能心里明白吗？信念是看不见的，只能领悟。”

人们总是只愿相信那些看得见、摸得到的东西，却鲜少思考存在于形式之上的思想的意义。当脱离了人生最逍遥的年龄，曾经发生的一切便只能沉淀成记忆。

在生活中拼命挣扎了几十年，那些记忆的碎片总是时刻提醒着杨绛，没有什么不能成为过去。沉浸在文字里，她的心情更能得到平复，空气仿佛也变得安静起来，慢慢地也会忘记一切的伤痛，只将人生的浮沉留在心底。

浮华岁月从未改变杨绛的优雅，哪怕生活如白水一样平淡，她也从未忘记心存感激。记忆中的一切悲伤和无奈，都将随着岁月渐渐离去。那些过往已经在她的生命中刻下了些微的痕迹，这些痕迹时刻提醒着她，余下的人生里要更加用力地生活，永不放弃对幸福的追求。

后记

很少有哪个女人像杨绛先生一样，无论身处繁华盛世，还是在逆境中跋涉前行，依然保持着常人难以模仿的优雅。那淡定的心境，让她仿佛只生活在自己喜爱的生活之中，身边一切的纷扰皆不能让她有丝毫侧目，因为她心中将幸福当做一个既定的目的地，她这一生要做的，只是坚定地向着这个目的地行进，没有过多的奢望，只想安安静静地做自己喜欢做的事情。

身处繁华的喧嚣尘世，常有一些莫名的情愫无处投递，可哪怕是站在无人问津的舞台上，也要拥一颗淡泊之心，静看人世浮华，淡品云卷云舒，浅喜深爱，寻一份悠然于心，用一份悠然吹走心的冰冻，始终把温暖留在心中。

因为心中有着温暖和希望，才能感悟出最纯净的幸福。她用六十年的婚姻，向世人宣告爱情的真正定义。同甘共苦，历经起落，哪怕是生死，也无法在他们的爱情之间挖出一道鸿沟。她们用爱建立起一座温馨的城堡，杨绛就是那城堡之中的支柱，一家三口，在这座城堡中，日日上演着只属于“我们仨”的温馨和幸福。

当世界上只剩下她一个，她将无边的悲痛隐藏于内心，默默地留下来“打扫战场”，完成爱人未完成之事。在她心中，金钱只是一个虚幻的字眼，与其坐拥一座“金山”，不如换来贫寒学子们欢乐的笑脸。她将千金散尽，只为让醉心学问的年轻人圆一个梦。

在人生边上，她保持着一贯的优雅从容，独自探索人生的价值，思考人生的意义，百年风华，岁月夺走了脸上的青春，却让心中的积淀越存越厚。只有懂得人生的人，才能欣赏到沿途的美丽风景，在淡淡的岁月中，只有透明了心境，才有这样的美丽与从容。